Coleção

Biblioteca do Maçom

EDITORA MAÇÔNICA
A TROLHA

José Wilson Ferreira Sobrinho

Centelhas Maçônicas

Editora Maçônica "A TROLHA" Ltda.
Av. Maringá, 335 – Fone (43) 3327-1982 – Fax (43) 3348-0915
Cx. Postal 938 – CEP 86001-970 – Londrina – PR

Londrina, junho de 2003

Obediência: *Grande Oriente do Brasil*

Coordenação Geral:	**Conselho Editorial**
1ª Edição:	**2003**
Tiragem:	**2.200 exemplares**
Preparação e Diagramação:	**Maristela Meneghetti**
Capa:	**Ulisses Ricardo Merede Candreva**
Revisão:	**Virgínia Cristina Audi Ayres**
Impressão e acabamento:	**Gráfica Regente**

Dados Internacionais de Catalogação na Publicação (CIP-Brasil)
CATALOGAÇÃO NA FONTE

F383c Ferreira Sobrinho, José Wilson
Centelhas maçônicas / José Wilson Ferreira Sobrinho. — 1ª ed. — Londrina: Ed. Maçônica "A TROLHA", 2003.
168 p.; 20,2 cm. — (Coleção Biblioteca do Maçom).

ISBN: 85-7252-161-5

1. Maçonaria - Direito Maçônico. I. Título.

CDD 366.1
CDU 061.236.6

Índice para catálogo sistemático:

1. Maçonaria - Direito Maçônico
061.236.6 (CDU)

EDITORA MAÇÔNICA "A TROLHA" LTDA.
Av. Maringá, 335 - Centro
86060-000 - Londrina - PR
Cx. Postal 938 - CEP 86001-970
Fone: (43) **3327-1982** - Fax: (43) **3348-0915**

Dedicatória

Dedico este livro àqueles que se encontram momentaneamente na forma espiritual e que, por isso mesmo, têm uma visão mais ampla do que os que ainda lutam com as amarras corpóreas.

Meu abraço e meu agradecimento pelo convívio cósmico. Que Buda ilumine a todos. Até qualquer dia, em qualquer lugar do cosmos.

SUMÁRIO

Apresentação

*O Autor José Wilson Ferreira Sobrinho (***in memoriam***), neste seu terceiro livro por nós publicado, nos convida a colocarmos o Avental de Maçom e analisarmos friamente nossa situação perante a perfeita Ordem Maçônica, se o utilizamos superficialmente ou se ele está aderido em nós.*

Se existe um Código Maçônico comprovado e aprovado, por que quase sempre ele é desconsiderado?

O que somos ou representamos perante a sociedade Civil e Maçônica?

Este livro instigante poderá incomodar, não por conter inverdades, mas por assinalar posições pessoais cujo leitor poderá concordar na sua totalidade, em partes ou ainda discordar totalmente; mas o que ninguém poderá dizer é que não foi bem fundamentado, bem discutido, um livro atual, escrito por um autor muito capacitado.

Este livro foi escrito sob a perspectiva do Direito Civil e do Direito Maçônico, baseado em vivências profissionais e cotidianas do Maçom e Autor que foi ***José Wilson Ferreira Sobrinho****, sem que em nenhum momento resvalasse em termos técnicos, difíceis ou cansativos.*

A leitura deste livro é dinâmica e agradável, polêmica, talvez, mas que nos faz pensar!

Evelise Bianco de Carvalho (Trolhinha)
Londrina, junho de 2003.

Introdução

Não é de hoje que a comunidade maçônica, pelo menos sua parcela mais esclarecida, convive com uma realidade pouco explicada dentro das Lojas Maçônicas: o chamado Direito Maçônico que, apesar do rótulo, não goza de muito respeito, uma vez que os Rituais e as conversas informais (ou "acertos etílicos", para outros) ditam a convivência dentro e fora dos Templos Maçônicos.

Isso sempre me causou perplexidade. Sim, porque se não se pretende emprestar eficácia ao Direito Maçônico, por que leis, decretos e constituições devem ser editadas? Para que se diga, retoricamente, que existe um "Estado de Direito Maçônico"? Nunca pude me conformar com isso.

Voltei-me, então, à produção de escritos que tivessem como meta maior a divulgação do Direito Maçônico. Mas não a mera divulgação. Na verdade tenho tentado mostrar à comunidade maçônica que o direito produzido em seu seio precisa ter eficácia – ou positividade, se quiserem – a fim de que as relações maçônicas não careçam de amparo relativamente ao seu ângulo jurídico.

Acredito, portanto, que o Direito Maçônico não é um repositório de bons conselhos, como pensam muitos, mas sim um conjunto de normas jurídicas eficazes, isto é, que valem. Têm positividade.

Urge disseminar uma cultura de respeito irrestrito ao Direito Maçônico. Que os Rituais tenham o lugar que merecem. Nada em contrário. Todavia, é preciso que se entenda que o Direito Maçônico não pode ser continuamente desrespeitado por "Profanos de Avental" despudorados que, com a conivência da maioria, fazem da coisa pública maçônica uma espécie de patrimônio privado que pode ser gerenciado de qualquer maneira.

Como ainda não perdi a fé no Direito – maçônico e profano – continuo tentando discutir temas jurídico-maçônicos que, espero, não se parecem com as esotéricas "peças de arquitetura" que, não raro, ensombrecem a gnosiologia e mesmo a epistemologia, apesar de pulularem no universo maçônico.

O livro que ora vem a lume, portanto, não se afasta da temática dos anteriores. Continua sendo um veículo de difusão das questões jurídico-maçônicas.

Se ele puder ser útil para algum Irmão – ou para alguma Oficina – já me considerarei bem pago por havê-lo escrito.

O Autor

A Dança das Cadeiras Maçônicas

I – O mundo profano, principalmente o setor da política partidária, conhece muito bem certos desatinos comuns na vida cotidiana: escândalos nas funções estatais, acusações envolvendo pretensos líderes e fisiologismo.

Um autor eminente, que foi Ministro do Supremo Tribunal Federal profano, examinou o ridículo da política nacional em livro famoso. Este autor foi Vitor Nunes Leal e o livro se chama "Coronelismo, Enxada e Voto".

Aquilo que Aliomar Baleeiro denominou de "filhotismo" – ou fisiologismo, conforme jargão político da atualidade – não é exclusividade de algum momento histórico ou de alguma parte da vida pública nacional. Pelo contrário, percebe-se claramente que o feudalismo, enquanto realidade político-partidária, nunca deixou de existir entre nós. Os coronéis políticos sobreviveram e com eles suas práticas absurdas.

Apesar do discurso centrado na gloriosa idéia de democracia – palavra mágica que poderá significar tudo ou nada, dependendo dos interesses em jogo – a conquista de cargos eletivos profanos é algo que desafia qualquer teoria política de matiz nominal, uma vez que os **subterrâneos eleitorais**, por assim dizer, seriam melhor examinados por um patologista, não por um cientista político.

O quadro profano das eleições parece se inclinar para determinados indicadores: aumento da abstenção (disfarçada de justificação eleitoral) e aumento da rejeição do povo relativamente aos políticos.

A propaganda eleitoral não encontra, em uma análise política séria, receptividade junto ao povo. As pessoas, em sua grande maioria, desligam rádios e televisores para não ouvir o velho discurso vazio dos políticos. Já não se agüenta tanta inutilidade, verbal e comportamental.

Não obstante, o continente chamado Brasil, como não poderia deixar de ser, é formado, do ponto de vista sociológico, por vários "países" que foram transformados no papel, por obra e graça de Rui Barbosa, em componentes federados (Estados Membros). Existe juridicamente uma Federação enquanto sociologicamente tem-se um amálgama de realidades díspares.

Essa realidade multifacetada, todavia, interessa aos partidos políticos em muitos momentos, mormente na época das eleições. Não terá, certamente, solução técnica porque isto prejudicará os interesses eleitoreiros.

O **feudalismo político**, sustentado pelo "voto de cabresto" e pela máquina partidária, é uma realidade complexa que não se deixa apanhar por análises precipitadas. Há mais coisas nos feudos políticos do que supõem as vãs teorias políticas na medida em que a realidade sempre zombou da lentidão da teoria. Não é por outra razão que os fatos atropelam os esquemas formais da ciência.

Como quer que seja, pode-se trabalhar com duas realidades da política partidária profana: o feudalismo político, apoiado no "voto de cabresto" e nas composições temporalmente indefinidas, e a máquina partidária.

II – A instituição feudalismo político supõe, obviamente, a existência de um "homem forte", real ou fabricado, e de uma estrutura que o apóie, estrutura essa que é formada por uma espécie de "assessoria" e pela "parte operacional".

O "homem forte" é o caudilho, aquele que realmente manda; a "assessoria" é formada a partir de alianças políticas envolvendo, às vezes, políticos de feudos menores. Normalmente é encarregada de planejar as ações políticas do feudo; a "parte operacional" significa não só a execução de misteres menores como o controle dos "votos de cabresto" a fim de que não se desviem do "bom caminho feudal".

O feudo político, entretanto, tem um aspecto que não pode ser olvidado: aqueles que fazem parte dele, em posição considerada importante, não mais saem dele (salvo acontecimento anormal), de modo que apenas as cadeiras feudais (os cargos) mudam de lugar mas não seus ocupantes. É dizer: os membros do feudo político, a cada eleição, fazem um rodízio nos cargos mas não permitem a entrada de alguém estranho ao feudo ou pertencente a posições inferiores do feudo.

Para que esse rodízio seja possível é fundamental o auxílio da máquina partidária, isto é, dos recursos advindos do partido. O partido deverá abençoar, de fato e não apenas retoricamente, os candidatos do feudo político, trabalhando suas imagens públicas e convencendo o eleitorado de que eles são o melhor para o País, para o Estado ou para o Município. Isto é a máquina partidária em ação.

Portanto, para ocupar um cargo eletivo é necessário ser escolhido pelo feudo político, contar com o auxílio da máquina partidária e ser eleito pelos "votos de cabresto" e por outros amealhados de outras maneiras.

A história profana, em momentos de conduta eleitoral desviante, registra eleições que não obedecem, em sua inteireza, o padrão descrito. É o caso, por exemplo, da eleição daquele Presidente que foi posteriormente afastado constitucionalmente do cargo. Relembre-se, entretanto, que ele conseguiu obter o apoio da mídia, principalmente de determinada emissora de rádio e televisão que vale, sozinha, mais do que qualquer máquina partidária. Trata-se, portanto, de exceção e não da regra.

III – A realidade maçônica deveria ser diferente do caos profano. Sim, porque Maçons não são "homens incomuns", livres e de "bons costumes"?

Se são tudo isso é natural que se espere deles alguma coisa, em termos comportamentais, melhor do que aquilo que se encontra no universo profano. Novamente há de se enfrentar a questão insolúvel que é a distância invencível entre o **ser** e o **dever-ser**.

Realmente os Maçons deveriam ser como as imagens retóricas construídas pelas falas irresponsáveis dizem que são. Deveriam mas infelizmente não são. No lugar da igualdade, da liberdade e da fraternidade existem verdadeiros feudos político-maçônicos administrados com mão de ferro, como se fossem patrimônio privado de uns poucos eleitos pelo Olimpo Maçônico.

O feudo político-maçônico é tão poderoso que recentemente foi capaz de rasgar a Constituição de determinada Obediência Maçônica, sem que se tenha feito qualquer coisa para evitar, para viabilizar o que foi chamado, sem qualquer constrangimento, de **extensão de mandato**, isto é, a concessão de um novo mandato para o Grão-Mestre sem eleição.

Comenta-se à boca pequena que um dos membros influentes do feudo político-maçônico teria afirmado, diante de reações isoladas de uns poucos Deputados, que eles deveriam ter seu mandato cassado porque não sabiam o que era Maçonaria.

Veja-se o surrealismo da situação: aqueles que se opuseram à consumação de um autêntico "golpe de Estado

Maçônico" é que deveriam ser cassados, não aqueles que planejaram e executaram tal manobra espúria. E o mais engraçado é que o pretenso autor da idéia da cassação dos Deputados rebeldes é um daqueles que só muda de cargo a cada eleição maçônica. A cadeira dele, sem dúvida, é uma excelente dançarina no baile da política maçônica.

Constata-se, infelizmente, que todos os ingredientes maléficos da política profana encontram-se enraizados na política maçônica, de modo que se pode afirmar que o espectro maçônico realmente conhece – e convive com – o feudo político, com seus adereços ("voto de cabresto" e composições temporalmente indefinidas) e a máquina partidária.

Um dos exemplos mais eloqüentes de feudo político-maçônico é a realidade de muitas Lojas Maçônicas espalhadas por esse País. A coisa é tão aberrante que várias dessas Lojas têm verdadeiros "donos" (o "homem forte" do feudo), de modo que é comum ouvir frase do seguinte teor: **"a Loja do fulano"**.

Por mais inacreditável que possa ser, a "Loja realmente é do fulano" na medida em que só é feito aquilo que o "fulano" autorizar e do modo como ele autorizar. Nada escapa do crivo do "fulano". As eleições em Loja, então, nem se discute. Para ser Venerável é necessário pedir a bênção do "fulano", submetendo-se às suas exigências desvairadas. O "fulano" é, efetivamente, um verdadeiro caudilho.

Se alguém contraria o "fulano", dá-se um jeito de engendrar uma arapuca para apanhar o recalcitrante que, então, "será posto fora da Loja" porque o "fulano" não quer a presença de indivíduos que desafiem sua autoridade.

O "fulano", como todo "homem forte", tem sua "assessoria" e sua "equipe operacional" que cuidam, zelosamente, dos "votos de cabresto" que ele tem. As composições são feitas com o intuito de escolher pessoas, para os vários cargos maçônicos, que não façam sombra para o "fulano". O botão que inicia a dança das cadeiras maçônicas (o rodízio dos cargos maçônicos) é controlado pelo "fulano". Afinal, isso é uma tarefa importante demais para ser delegada.

Os "votos de cabresto" maçônicos são representados por indivíduos presos ao "fulano" por favores recebidos dele, cuidadosamente anotados, corrigidos monetariamente e exibidos quando é conveniente, ou pela vontade de exercer cargos maçônicos, mesmo que tenham de se tornar **invertebrados morais**, por assim dizer. Esses, obviamente, farão o que o "fulano" mandar, mesmo que isto signifique praticar atos imorais.

A máquina partidária maçônica é representada pela concessão desbragada de honrarias maçônicas, por nomeações cercadas de aspectos discutíveis e por perseguições cretinas àqueles que não aceitam as imposições do "sistema". Usa-se, despudoradamente, a filosofia do trator: passar por cima dos obstáculos, esmagando-os. Depois é só comemorar o "exercício da cidadania maçônica" que resultou na eleição daqueles – mera coincidência? – que certamente serão "melhores para a Maçonaria".

As cadeiras maçônicas, nas várias Obediências, dançam muito mas seus ocupantes não caem pela tontura. Só se tem vaga quando um dos membros do feudo político-maçônico tem a falta de bom senso de brigar com o "homem forte" (o "fulano"), o que ocasionará a expulsão do insubordinado, ou quando alguém viaja para o Oriente Eterno. Aí, então, o feudo se reúne para preencher o lugar vazio a fim de que as cadeiras não interrompam seu bailado.

A realeza sabe apreciar um bom baile. Se aqueles que não são nobres não têm cadeiras para dançar, o problema é deles, não dos membros do feudo político-maçônico que estão, sempre, a trabalhar pelo bem do povo maçônico.

E de baile em baile, de eleição em eleição, as cadeiras maçônicas vão dançando para que seus ocupantes possam exercer os mais variados cargos a fim de amealharem uma impagável experiência que, sem dúvida, será útil para a coisa pública maçônica.

A dança das cadeiras maçônicas, nesse sentido, é algo vital para a manutenção do esquema de poder do feudo político-maçônico na medida em que fornece "nomes confiáveis" para os vários cargos maçônicos, evitando, por isso mesmo, que algum "aventureiro" possa se apresentar com chances de se eleger.

Como se pode ver, nada de novo debaixo do sol, profano ou maçônico. Eleições são momentos de desatinos, dentro e fora da Maçonaria, cometidos por pessoas que, quase sempre, perseguem o poder de forma doentia, como se fosse a única razão da vida.

As eleições maçônicas, pelo menos elas, não deveriam ser como são. Um Venerável, por exemplo, não deveria ser eleito porque é apoiado por um "fulano" qualquer. Sua eleição deveria ser a conseqüência natural de um consenso entre seus Irmãos de Maçonaria, não o resultado espúrio de uma mesa de comida e bebida.

A regra, profana ou maçônica, para homens de têmpera é essa: **não se pede cargo; aceita-se, ou recusa-se, quando ele é oferecido de forma correta,** sem imposições de algum caudilho que usa avental.

Nada pode se comparar à independência de um homem, Maçom ou Profano. E nada é mais repugnante do que a falta de hombridade e de caráter que, infelizmente, a multifacetada personalidade humana vem produzindo em escala industrial na sua correria desvairada por cargos, profanos ou maçônicos.

Oriente Eterno e Patrimônio Maçônico

Li com interesse o artigo "Segredos Maçônicos", do Irm∴ Enio Gregório Bonissoni, publicado na Revista "O Prumo", nº 137, maio/junho de 2001, p. 36/37. Atendendo à convocação feita pelo articulista, detenho-me no tema ligado ao destino do "patrimônio maçônico" do Maçom que foi para o Oriente Eterno.

I – O fato morte provoca algumas conseqüências, seja no nível metafísico, seja no plano jurídico. Do ponto de vista metafísico, a morte costuma ser apresentada como o momento em que uma realidade imaterial – ou espiritual – deixa o mundo físico e penetra em outras dimensões cósmicas, de acordo com seu patrimônio sansárico.

Cabe apenas sublinhar uma particularidade encontrável na doutrina Kardecista: faz-se distinção entre **morte** (realidade meramente física) e **desenlace** (momento em que o corpo perispiritual descola-se do corpo material).

Como quer que seja, tem-se um instante em que a matéria é separada do espírito através daquilo que o conhecimento vulgar e médico chamam de morte. Aqui, com propriedade, tem-se o final de uma encarnação. Metafisicamente, portanto, o que é denominado de morte significa apenas o término de uma experiência física vivida por um espírito.

Não obstante, o fato morte também interessa para o direito na medida em que ele provoca o fim da personalidade para aquele que morreu. É dizer: se a personalidade, em ângulo jurídico, começa com a vida, ela termina com a morte.

Se é assim, a morte fará com que os denominados "direitos personalíssimos" acompanhem seu titular, uma vez que não são susceptíveis de transmissão. É o caso, por exemplo, de um título concedido *intuitu personae* que adere àquele que o recebeu, não podendo, salvo disposição normativa expressa, ser transferido, enquanto título, para os herdeiros do falecido. A linha hereditária, portanto, esbarra nos "direitos personalíssimos" na medida em que eles se extinguirão em razão da morte de seu titular.

II – A Maçonaria convive com algumas realidades que, de modo geral, são chamadas de "segredos maçônicos", o que tem dado azo, no mundo profano, a inúmeras teses surrealistas, para dizer o mínimo.

Todavia, se se deixar de lado as especulações profanas, existirá alguma coisa que efetivamente possa formar o lastro conceitual da expressão "segredos maçônicos"? Penso que sim.

Com efeito, mesmo na atualidade existem "realidades maçônicas" que não devem ser do conhecimento do Profano, como percebeu o referido Enio Gregório Bonissoni:

> *1 – entendo que devam ser havidos como "segredos maçônicos invioláveis", as frases ritualísticas, as palavras de passe, sagradas e semestral, a idade maçônica, os assuntos tratados a porta fechada, os Sinais e Toques.* (ob. cit. p. 37).

Entretanto, um dos itens listados pelo autor citado (assuntos tratados a porta fechada) é pouco respeitado em muitos pontos do País. Não raro os assuntos discutidos em **Loja** são motivo de conversas na "Sala dos Passos Perdidos" ou em algum barzinho (momento que alguns Maçons (?) chamam de "segunda Sessão").

Ora, se existe um juramento para preservar a intangibilidade dos assuntos tratados a porta fechada (o que quer dizer: **em Loja**), então não se consegue entender como eles podem ser rediscutidos nas dependências do **Templo Maçônico** – que não significa, em termos conceituais, **Loja** – ou em um lugar onde o comprometimento etílico será uma realidade nada maçônica. Neste caso será difícil sustentar-se, em termos factuais, o caráter de "segredo maçônico inviolável" para os assuntos tratados a porta fechada.

Os ditos "segredos maçônicos invioláveis" formarão, ou não, o conceito de "patrimônio maçônico"?

III – Ainda que se tenha presente a sempre atual advertência dos romanos (**é perigoso definir**), vive-se em um mundo eminentemente conceitual, o que faz com que não se possa escapar da elaboração de conceitos que, evidentemente, são apenas uma maneira de ver as realidades conceituadas. Tendo-se isso em mente, volva-se ao conceito de "patrimônio maçônico".

O "patrimônio maçônico" é uma realidade complexa, uma vez que é formado por vários momentos maçônicos, por assim dizer: Graus obtidos, comendas e honrarias recebidas, Rituais, legislação maçônica, paramentos e livros maçônicos. Tudo isso forma o conceito de "patrimônio maçônico".

Tem-se, por conseqüência, uma bimembridade das partes formativas do conceito de "patrimônio maçônico": uma parte material e outra, imaterial. A **parte material** é representada pelos livros maçônicos, pelos Rituais, pelas comendas e honrarias (estas, claro está, se tiverem um suporte material), pela legislação maçônica e paramentos. A **dimensão imaterial**, de seu turno, consiste nos Graus recebidos e no conhecimento maçônico acumulado pelo Maçom.

Propõe-se, com dimensão estipulativa, o seguinte conceito de "patrimônio maçônico": **toda e qualquer realidade, material ou imaterial, que tenha aderido ao Maçom em razão desta condição.** Explica-se.

A expressão "toda e qualquer realidade, material ou imaterial" tem por escopo apanhar exatamente aquilo que foi precedentemente chamado de **parte material** e de **dimensão imaterial** do conceito de "patrimônio maçônico", uma vez que somente a junção dessas partes será capaz de fornecer o material conceitual adequado para a realidade "patrimônio maçônico".

É preciso, todavia, que os ângulos material e imaterial do "patrimônio maçônico" tenham aderido ao Maçom por força de sua condição maçônica, não em função de sua posição profana. Veja-se o seguinte exemplo: um Maçom qualquer recebe, por força de sua atuação profana, um título de cidadão honorário de determinada localidade. Isto integrará o "patrimônio maçônico" do agraciado? Não, apenas fará parte de seu patrimônio globalmente entendido (profano e maçônico).

Portanto, um Maçom tem dois patrimônios parciais: o patrimônio profano e o patrimônio maçônico. A junção de ambos formará o **patrimônio global** do indivíduo.

IV – Visto o que vem a ser "patrimônio maçônico", ingressa-se na fase mais difícil de obter consenso: qual o destino do "patrimônio maçônico" de um Maçom que faleceu?

Diga-se, de logo, que o **lado imaterial** (no sentido de ser carente de um suporte físico) do "patrimônio maçônico" acompanhará a realidade espiritual do Maçom fisicamente falecido, como acontece, grosso modo, com os "direitos personalíssimos". Não se cogitará, portanto, de uma destinação diferente, por impossibilidade material.

No que diz com o **lado material** (na acepção de ter suporte físico) do "patrimônio maçônico", é preciso distinguir entre o que pode e o que não pode deixar o espaço familiar do Maçom fisicamente morto.

Os livros maçônicos, os paramentos, os suportes físicos das honrarias e condecorações e a legislação maçônica não são susceptíveis de serem reclamados pela Loja a que pertenceu o falecido, mesmo que isto esteja previsto em alguma lei maçônica.

De fato, acima de uma lei ordinária maçônica – chamada comumente de Regulamento Geral – está a consagração constitucional do princípio da liberdade que não pode ser amesquinhado, de forma explícita ou a sorrelfa.

Se os livros maçônicos, os paramentos, os suportes físicos das honrarias e condecorações e a legislação maçônica não são capazes de explicitar os "segredos maçônicos invioláveis", não se haverá de defender que eles não poderão permanecer com a família do Maçom fisicamente morto por absoluta falta de legitimidade de tal pretensão.

Na verdade eles deverão permanecer no domínio familiar porque comporão, sem dúvida, uma faceta afetiva importante, representativa da passagem terrena daquele que se foi da vida física. Se alguém tentar retirá-los desse espaço afetivo, esgrimindo uma lei maçônica, caberá à família do Maçom falecido bater às portas do Judiciário profano para evitar a consumação do equívoco.

Os Rituais Maçônicos e os livros maçônicos que contiverem a explicitação de algum "segredo maçônico inviolável" poderão ser reclamados pela Loja se isto estiver previsto na Lei Maçônica. É que, nesta hipótese, a Ordem Maçônica não deverá permitir a divulgação inadequada dos "segredos invioláveis". Havendo recalcitrância da família, a Obediência Maçônica poderá ingressar na justiça profana para reaver aquilo que pertence, efetivamente, à Loja Maçônica do Obreiro falecido.

V – Como, entretanto, se poderá operacionalizar a devolução do material maçônico, pela família do Maçom fisicamente morto, sem grandes traumas? O citado Enio Gregório Bonissoni forneceu duas possibilidades:

> *(...) o caminho mais racional, até que se ache um denominador comum, é instruir o Obreiro para que oriente sua esposa e demais herdeiros sobre a destinação de seu patrimônio maçônico. Uma Segunda alternativa é o Irmão Hospitaleiro procurar o Obreiro enfermo, em perigo de morte, e diligenciar para que seu patrimônio maçônico seja recolhido ao arquivo da Oficina, como a Grande Loja de Santa Catarina prevê em seu Regulamento Geral, no que se refere unicamente aos livros e obras maçônicas* (ob. cit. p. 37).

O primeiro caminho apontado pelo articulista (instruir o Obreiro) tem alcance juridicamente – à luz do **Direito Maçônico**, inclusive – limitado na medida em que não se mostrará eficaz diante da recusa do Obreiro e da inexistência de norma jurídico-maçônica regulando o assunto.

Sim, porque aqui entrará em cena o princípio da legalidade maçônica: ninguém será obrigado a fazer ou deixar de fazer algo senão em virtude de lei.

Penso, portanto, que o caminho mais racional – para prestigiar a terminologia do articulista – consiste em as Obediências Maçônicas consignarem em suas leis a devolução dos Rituais e dos livros maçônicos que explicitarem algum "segredo maçônico inviolável" na hipótese de morte física do Maçom.

Devem, ainda, prever que na Iniciação, na regularização e na filiação as Lojas deverão entregar ao Obreiro uma espécie de **autorização** (ou outro nome qualquer), dirigida à família dele, para devolução do material citado à Loja em caso de vir a falecer. O Obreiro deverá assiná-la em duas vias: uma será entregue à Loja e outra, à família do Obreiro. Um procedimento simples como esse evitará muitas dores de cabeça.

A atuação do Hospitaleiro, como prevista pela Grande Loja de Santa Catarina, também não é satisfatória, pelo menos por duas razões: a um porque se poderá questionar a validade do consentimento dado por um indivíduo enfermo, em perigo de morte, uma vez que sua vontade poderá ser qualificada como não livre; a dois porque deixa de fora os falecimentos ocorridos de modo inesperado: acidentes, assassinatos, etc.. Nestes casos, como o Hospitaleiro poderá cumprir a norma maçônica da Grande Loja referida?

Não obstante, cumpre que se diga que o Maçom, por ato de vontade expresso por escrito, poderá deixar para a Loja **todos** os seus livros maçônicos, os suportes físicos de suas honrarias e comendas maçônicas recebidas bem como seus paramentos. Entenda-se, contudo, que isso é ato de vontade do Maçom que não pode ser objeto de norma jurídico-maçônica. E não pode porque o Direito Maçônico só poderá disciplinar a devolução dos Rituais e dos livros maçônicos que explicitarem algum "segredo maçônico inviolável".

VI – À guisa de conclusão apresenta-se algumas considerações sintéticas:

1) *O patrimônio maçônico pode ser conceituado como toda e qualquer realidade, material ou imaterial, que tenha aderido ao Maçom em razão desta condição;*

2) *O patrimônio maçônico é formado por uma* **parte material** *e por uma* **parte imaterial***;*

3) *A parte imaterial do patrimônio maçônico do Maçom fisicamente morto adere à sua dimensão espiritual e, obviamente, não pode ser separada dele;*

4) *A parte material do patrimônio maçônico, em caso de morte do Maçom, é susceptível de volver à Loja do Obreiro falecido apenas no que diz com os Rituais e livros maçônicos que explicitem algum "segredo maçônico inviolável";*

5) *Convém que as Obediências Maçônicas consignem em suas leis a devolução do material citado no item precedente bem como que o Obreiro, na Iniciação, na regularização e na filiação deverá assinar uma* **autorização***, em duas vias, para que a devolução do material seja feita, em caso de vir a falecer.*

Sobre a Ubiqüidade Eleitoral Maçônica

É comum que as Obediências Maçônicas consignem em suas Leis a proibição de o Maçom que pertencer a mais de uma Loja poder votar, nas eleições maçônicas, em mais de uma Loja. Assegura-se, na verdade, o direito de o Maçom escolher uma das Lojas a que pertencer para exercer o direito de votar.

Apesar de tal regulação jurídica parecer clara, o campo factual prepara surpresas das mais assombrosas. Admita-se, para efeito de especulação, o seguinte exemplo hipotético: Maçons que pertenciam a mais de uma Loja, em uma eleição em Loja, votaram em desacordo com a regra jurídico-maçônica que proibia o exercício do direito de votar em mais de uma Loja. O Orador tentou embargar o resultado da eleição (suspendendo a posse dos eleitos) mas não obteve êxito: determinou-se o arquivamento de sua petição sem qualquer motivação digna desse nome. Os eleitos foram empossados e, posteriormente, brindaram à morte do Direito Maçônico. As trombetas ressoaram, os vassalos fizeram mesuras, os barões gargalharam e a Maçonaria – não os Maçons – derramou lágrimas por se sentir envergonhada.

I – A história profana está repleta de momentos eleitorais moralmente reprováveis: inúmeras eleições foram descaradamente fraudadas para que um determinado candidato fosse beneficiado. Muitos cargos, portanto, foram obtidos através de manipulações ilegais envolvendo os votos.

Recorde-se, a propósito, que em determinada eleição para Governador de Estado, em um Estado qualquer da Federação, o candidato oposicionista foi surpreendido pelo denominado **"diferencial delta"**, ou seja, pelo artifício espúrio criado via informática com a finalidade de impedir a eleição desse candidato. O assunto ganhou a mídia e o estratagema do **"diferencial delta"** não produziu o resultado esperado, uma vez que o candidato da oposição foi eleito.

Em momentos outros a safadeza materializa-se naquilo que entrou para a patologia das eleições com o nome de **"mapismo"**, isto é, a adulteração dos votos existentes com o intuito de aumentar os votos do candidato "protegido" e de "sumir" com os votos dados ao adversário.

Tem-se, finalmente, a época em que o indivíduo, em Zona Eleitoral diferente ou apenas em Seção diferente, votava mais de uma vez no candidato – ou candidatos – de sua preferência.

Qualquer uma dessas modalidades patológicas (**"diferencial delta"**, **"mapismo"** e votar mais de uma vez, na mesma eleição, no mesmo candidato) é, por definição, maléfica à seriedade que deve existir em um pleito eleitoral.

Se isso é assim no mundo profano, imagine-se no espaço maçônico. Lamentavelmente, porém, também existe notícia nada boa envolvendo uma eleição maçônica em âmbito nacional. Tudo indica que a patologia eleitoral freqüenta os domínios do humano, seja profano, seja maçônico.

II – Examine-se, agora, a questão ligada ao exemplo hipotético delineado precedentemente. A primeira coisa que deve ser dita sem rodeios é que a ilegalidade foi a tônica predominante.

Com efeito, se uma regra jurídico-maçônica, em âmbito eleitoral, foi violada, certamente que essa violação gerará a nulidade da votação e, por conseqüência, da eleição dos candidatos. Eles não foram, com correção jurídico-maçônica, eleitos.

Todavia, força é dizer, a nulidade da eleição comporta uma digressão temporal, ou seja, é preciso identificar, com base nas atas das eleições em Loja, qual eleição foi realizada em primeiro lugar. O ponto é importante porque a primeira eleição não será nula mas sim as subseqüentes.

Se a Loja "X", por exemplo, fez sua eleição antes da Loja "Z" e se entre os votantes havia Maçons pertencentes às duas Lojas, então a eleição realizada pela Loja "X" será válida porque, nesse caso, os votantes poderiam exercer o direito de voto por essa Loja. Entretanto, a eleição feita pela Loja "Z" será nula em razão da participação de Maçons que já haviam votado na eleição feita pela Loja "X".

Conseqüência: os eleitos na Loja "Z" não poderão ser empossados porque sua eleição é juridicamente imprestável. Não se aceita no direito, profano ou maçônico, o uso do dom da ubiqüidade a fim de que Maçons possam estar eleitoralmente em mais de um lugar ao mesmo tempo (ou em mais de uma eleição, em Lojas diferentes).

Volvendo-se ao exemplo hipotético, os eleitos em procedimento eleitoralmente nulo não poderiam ser empossados, mesmo que apelassem para razões utilitárias (v.g. amizade com a Administração Superior da Obediência Maçônica), uma vez que tais razões, sobre serem imorais, não têm o condão de sanar a nulidade do pleito eleitoral. Haver-se-ia, forçosamente, de realizar nova eleição, sem a presença dos Maçons dotados do dom da ubiqüidade eleitoral.

Se se permitiu a posse de indivíduos que não foram eleitos porque a eleição deles é nula, então se fez *tabula rasa* do Direito Maçônico e da ética que alguns, em prancha exibida no dia de eleições maçônicas, dizem estar acima do Direito

Maçônico. Ora, se a ética tem essa posição para certos Maçons, participantes de eleição nula e mesmo assim empossados, imagine se ela estivesse abaixo do Direito Maçônico. A única coisa séria que se pode dizer, diante de tamanho cinismo, é: Maquiavel, Voltaire e outros representantes da amoralidade reencarnaram e atualmente usam "terno preto". É bem o caso de se afirmar, como fez um determinado Maçom, diante de descalabro factual similar àquele representado pelo exemplo hipotético aventado: **tal senhor** (referia-se ao Maçom ilegalmente empossado no cargo de Venerável) **pode ser tudo, menos Maçom.**

O pior, sem dúvida, é que os indivíduos que logram tal proeza (posse em eleição nula) parecem fazer disso uma demonstração de prestígio pessoal, pelo menos para eles e para o grupelho do qual fazem parte.

Que prestígio! Se chamam a ilegalidade e a imoralidade de prestígio, então o contexto no qual se inserem é extremamente pobre em termos éticos e de respeito ao Direito Maçônico positivo. Sendo assim, o que se poderá esperar? Nada de bom, certamente. Afinal, ninguém poderá dar aquilo que não tem.

Por outro lado, a exigência de motivação dos atos judiciais, profanos e maçônicos, não pode ser contornada impunemente. O arquivamento da petição do Orador, no caso do exemplo hipotético, mesmo que contivesse equívocos crassos, não poderia prescindir de motivação.

É dizer: A autoridade do Judiciário Maçônico também cometeu uma atrocidade jurídica no momento em que determinou o arquivamento citado, através de um despacho lacônico, sem fundamentação jurídica adequada. E tal despacho, determinando o arquivamento da petição do Orador, também é nulo em razão de sua falta de motivação adequada.

Portanto, o exemplo hipotético precedente materializa

duas nulidades: a da eleição contaminada pela ubiqüidade eleitoral e a do despacho de arquivamento da petição do Orador sem motivação jurídica plausível.

Por conseqüência, a posse daqueles que não foram eleitos também é nula, uma vez que a nulidade não admite sanatória, bem como a decisão de arquivamento, carente de motivação adequada. Em uma palavra: ilegalidade dupla produzindo nulidade também dupla.

Deve-se, portanto, obedecer à regra jurídico-maçônica que proíbe a possibilidade de ubiqüidade eleitoral do Maçom a fim de que a Maçonaria não seja enxovalhada por indivíduos que usam "terno preto" e dizem, no papel, que a ética encontra-se acima do legal, embora o nível comportamental de tais pessoas esteja aquém dos domínios da ética e do Direito Maçônico.

Cerimônia de Instalação e Condição Maçônica de Mestre Instalado

A Maçonaria, desde os tempos mais remotos, vem sofrendo adaptações, por assim dizer, que põem em dúvida o caráter sacrossanto de muitos de seus postulados. Veja-se, por exemplo, a questão da criação do 3º Grau. Foi preciso conceber a realidade do **Mestre Maçom**, como Grau Maçônico, para incensar alguns egos que, por volta de 1724, já sofriam de uma doença que se acreditavam moderna: a "elefantíase". O tema dos denominados "altos graus" é outro instante emblemático da verdadeira escola de vaidade que se esconde, sorrateira, atrás da vacuidade factual do trinômio **Liberdade, Igualdade** e **Fraternidade.**

Como se tudo isso não fosse suficiente, tem-se que conviver com mais uma realidade discutível, pelo menos à luz da prática brasileira: a do Mestre Instalado, que segundo José Castellani tem o seguinte significado:

> *Mestre Instalado (M∴ I∴) é o título dado ao Mestre eleito para o Veneralato de uma Loja e submetido à Cerimônia de Instalação no trono de Salomão, como símbolo de sabedoria, que deve ter, para dirigir seus Irmãos* (O Mestre Instalado – Considerações Históricas, Administrativas e Ritualísticas, 1ª ed., São Paulo, A Gazeta Maçônica: 1989, p. 11).

I – O ângulo administrativo de um Mestre Instalado,

no exercício do Veneralato, não permite muitos questionamentos, uma vez que ele é apenas o Presidente de uma Loja e, claro está, a dirige. Portanto, nada de muito interessante debaixo do glorioso sol maçônico. Basta consultar o Direito Maçônico da Obediência para saber o leque de atuação legal de um Venerável.

O lado ritualístico do tema em apreço, tem, induvidosamente, sua importância, embora não se possa concordar, em sua inteireza, com a opinião de José Castellani:

> *Embora M∴ I∴ não seja grau, é o ponto máximo da escala iniciática da Maçonaria Simbólica, com alto conteúdo moral e espiritual. E, por isso mesmo, embora, às vezes, minimizado, é importantíssimo* (ob. cit. p. 13).

Com efeito, que o momento representado pela Instalação de um Mestre Maçom, à luz de uma compreensão esotérica, tem efetivamente um respeitável lastro moral e espiritual é algo que não pode ser questionado seriamente. Entretanto, se isso for confrontado com a factualidade maçônica, então as coisas não serão bem assim porque ver-se-á que o profano continua conspurcando o maçônico, de modo que muitas instalações são apenas uma oportunidade para beber e comer gratuitamente. Sim, porque hoje as instalações são feitas em escala industrial, ou seja, instala-se, na mesma Sessão, um número elevado de Mestres Maçons eleitos Veneráveis. Fica difícil, em tal caso, defender-se o valor moral e espiritual da **instalação em massa.**

Por outro lado, a pretensão ligada ao "ponto máximo da escala iniciática", conforme cita precedente, não tem qualquer fundamento. A plenitude, na Maçonaria Simbólica, é alcançada no Grau de Mestre Maçom, não na condição simbólica de Mestre Instalado, condição essa que não tem conotação iniciática.

A cadeia iniciática da Maçonaria Simbólica tem apenas três elos – ou momentos, se se preferir: 1º Grau, 2º Grau e 3º Grau. Não se conhece outro instante que materialize o elo final dessa cadeia. Na verdade, a instalação de um Mestre Maçom eleito Venerável, apesar da dimensão esotérica, não se qualifica como um momento iniciático, muito menos como um ponto máximo iniciático na Maçonaria Simbólica, como quer o autor citado.

Se a tese desse autor tivesse substância, então a escala iniciática da Maçonaria Simbólica seria formada por **três Graus** e pela **Instalação** do Mestre Maçom eleito Venerável. Interessante mistura essa: Graus misturar-se-iam a uma Cerimônia de Instalação. Concepção arrojada, por sem dúvida.

Não obstante, a mistura iniciática, por assim dizer, proposta pelo autor citado, não resiste a uma prova filosoficamente elementar: coisas diferentes (Graus e Cerimônia de Instalação) não se misturam para formar outra substância (cadeia iniciática da Maçonaria Simbólica) como não é possível, por exemplo, misturar água e óleo, de modo que formem uma substância uniforme. Pelo contrário, a água não se misturará ao óleo, permanecendo ambos como substâncias distintas. Assim também com relação ao tema sob comento: Graus são Graus e Cerimônia de Instalação é coisa diferente.

Isso, claro está, não diminui a dimensão que uma Cerimônia de Instalação deveria ter. Diz-se que deveria ter porque, factualmente, nem sempre essa dimensão tem lastro respeitável. Ora são as pequenezas humanas que retiram todo sentido da Cerimônia de Instalação, ora é o modo como essa Instalação é feita que compromete seu valor maçônico.

Volva-se ao exemplo da **Instalação em massa**. Tem-se dito que esse tipo de Instalação ocorre por razões pragmáticas e que o importante é o encontro dos Irmãos. Que seja. Todavia, não se olvide que, nesse caso, a Cerimônia de Instalação terá também um caráter pragmático, inconciliável com o ângulo estritamente maçônico. Por outras palavras: formalmente os Mestres Maçons eleitos Veneráveis são Instalados; substancialmente, porém, a Cerimônia de Instalação estará aquém daquilo que deveria ser em termos esotéricos.

Portanto, por mais ponderáveis que possam ser as tais "razões pragmáticas", talvez esteja na hora de se combater a **Instalação em massa** se se quiser resgatar a importância esotérica da Cerimônia de Instalação.

II – O que se deve entender por "Cerimônia de Instalação"? Será que ela realmente é necessária?

Relativamente à necessidade da Cerimônia de Instalação, vale a pena meditar sobre os seguintes assertos:

> *Essa Cerimônia, portanto, é própria do Emulation (Emulação), Ritual da Maçonaria Britânica, que os países latinos conhecem, geralmente, como Rito de York. Rigorosamente, não existe nos demais Ritos.* (José Castellani, Manual do Mestre Instalado, 1ª ed., Londrina: Ed. Maçônica "A TROLHA", 1999, p. 12).

Prossegue o autor citado:

> *Todavia, embora não deixe de ser um erro a utilização dessa Cerimônia em outros Ritos, ela está de tal maneira arraigada, que seria uma temeridade tentar extirpá-la, não só porque se tornou uma prática consagrada, como, também, porque submeteria os extirpadores às iras de Obreiros ávidos por reuniões*

pomposas e por títulos e veneras, (...) (Manual ... cit. p. 13).

Pode-se inferir, portanto, que a Cerimônia de Instalação utilizada fora de seu Rito de origem (Emulation) – segundo José Castellani – é algo que não encontra explicação maçônica adequada. Aliás, o autor em tela classificou referida Instalação como um **erro.**

Mais: apesar de ser um erro – ainda sob as lentes do mesmo autor – ele precisa ser mantido para não incomodar a vaidade dos deuses da Maçonaria. Esta defesa da manutenção da Cerimônia de Instalação, fora do Rito de York, materializa, na verdade, um autêntico absurdo gnoseológico.

Com efeito, se algo não logra receber uma explicação maçônica aceitável, como será possível dizer-se que uma prática maçônica pertencente a um Rito pode ser utilizada em outros Ritos, apesar de ser errado, apenas para não provocar a ira das "vedetes maçônicas"? Francamente: se se levar a sério uma proposição como essa, então a gnoseologia terá sido insultada, mais uma vez, pelo chamado "conhecimento maçônico". E a epistemologia? Talvez esteja internada em uma "UTI" de bom calibre intelectual.

Uma **primeira conclusão** é inevitável: fora do Rito de York – se Castellani estiver correto em sua afirmação – a Cerimônia de Instalação não é necessária, uma vez que é estranha aos outros Ritos.

Entretanto, a Maçonaria convive com os esotéricos "usos e costumes", o que obriga uma rápida incursão em tais domínios, ou seja, a Cerimônia de Instalação, do ponto de vista dos "usos e costumes maçônicos", é tolerável? A resposta positiva se impõe.

De fato, se a utilização da Cerimônia de Instalação tornou-se um uso maçônico, disseminado nas Obediências

Maçônicas, então se pode tolerar isto com base no conceito de "uso maçônico". Tolerar, entretanto, não significa defender sua necessidade ritualística ou sua manutenção por razões de ego maçônico. Tolerar é conviver com uma realidade que não pode ser negada, mas sem lhe emprestar correção ritualística.

Surge, assim, uma **segunda conclusão:** a Cerimônia de Instalação, utilizada por outros Ritos que não o de York, é apenas **tolerável** à luz do conceito de "uso maçônico".

Remanesce, todavia, a questão conceitual da Cerimônia de Instalação. Propõe-se, com explícito intuito estipulativo, o seguinte conceito: **Cerimônia de Instalação é um conjunto de práticas ritualísticas observadas, de modo prévio, à posse de um Mestre Maçom como Venerável.** Explique-se o conceito cunhado.

A Cerimônia de Instalação realmente é um conjunto de práticas ritualísticas, uma vez que existe uma seqüência ritualística – que não poderá ser desrespeitada – própria da Instalação de um Mestre Maçom eleito Venerável. Se não fosse assim não existiria uma realidade ritualística imanente à instalação.

Esse momento ritualístico, por assim dizer, é anterior à **investidura administrativa** do Mestre Maçom eleito Venerável, ou seja, aquilo que se conhece no meio maçônico como **posse** do Venerável tem uma bimembridade conceptual, desconhecida de muitos: uma **investidura ritualística** (a instalação) e uma **investidura administrativa** (a posse propriamente dita).

Repare-se, porém, que não se está afirmando que a Instalação é algo diferente da posse. Não. Na verdade, realça-se o fato de que a **posse** como Venerável, embora seja uma só, tem dois momentos perfeitamente distintos: o ritualístico e o administrativo. Mais: que o momento ritualístico é anterior ao momento administrativo. Tendo-se isso em mente, pertine a cita abaixo:

> *Só depois de passar pelo Ritual de Instalação é que o Venerável Mestre eleito pode se considerar empossado, empossar os membros de sua Administração e entrar na plenitude de seus direitos exclusivos, entre os quais se inclui o de sagrar, no sentido de conferir a dignidade do Grau e não no sentido de divinizar, ou santificar, os Candidatos, nas Sessões de Iniciação, Elevação ao 2º Grau e Exaltação* (José Castellani, O Mestre ... cit. p. 12).

A Instalação de um Mestre Maçom, portanto, é, sem dúvida, um momento ritualisticamente denso na medida em que empresta, mesmo simbolicamente, similitude com a figura de Salomão. Significa, então, que o Mestre Instalado, por força da Instalação, tornou-se simbolicamente um Salomão apto a dirigir a Loja que o elegeu Venerável.

A tese da tolerância quanto a feitura da Cerimônia de Instalação, fora do Rito de York, não pode ser entendida como legitimação inquestionável desse procedimento ritualístico. Pelo contrário, trata-se apenas de um recurso legítimo destinado a emprestar alguma fundamentação aceitável ao desvario factual.

Não obstante, convém não perder de vista que esse questionamento só é viável em um momento puramente especulativo, ou seja, quando se está no terreno da anomia (ausência de norma regulando o assunto). Havendo norma jurídico-maçônica disciplinando a dinâmica da Cerimônia de Instalação, nada a fazer a não ser cumprir o ordenamento jurídico-maçônico sob pena de ilegalidades serem cometidas.

Portanto, o tema em apreço (Cerimônia de Instalação)

deve ser visto, pelo menos, em três perspectivas gnoseológicas, por assim dizer:

1. A perspectiva de eventual **necessidade** revela que a Cerimônia de Instalação é própria do Rito de York, não sendo imanente, por conseqüência, aos outros Ritos;
2. A perspectiva da **tolerância** da feitura da Cerimônia de Instalação, fora do Rito de York, serve para fundamentar tal prática, usando-se a concepção de "uso maçônico", na hipótese de vácuo jurídico-maçônico;
3. A perspectiva **legal** da Cerimônia de Instalação, diga-se assim, legitima tal Cerimônia, em sentido jurídico, de modo que não mais é possível qualquer discussão sobre o cabimento, ou não, da referida Cerimônia em Ritos outros que não o de York. Se existe norma jurídico-maçônica, que ela seja cumprida.

III – Quando um Mestre Maçom é Instalado, obviamente que essa condição maçônica funciona como fonte produtora daquilo que se poderia denominar estipulativamente como "direitos e deveres do Mestre Instalado". Sim, porque onde há direito também existe dever, embora comumente as pessoas lembrem apenas dos direitos enquanto os deveres são empurrados para debaixo dos tapetes.

A categoria dos direitos pode ser concebida de modo bimembre: direitos de ordem administrativa (v.g. o de dirigir a Loja quando no exercício do Veneralato) e direitos de ordem ritualística (v.g. o de sagrar, também no exercício do Veneralato). Tenha-se presente, entretanto, que os chamados direitos – de ordem administrativa e ritualística – aderem com maior propriedade ao Mestre Instalado que se acha no exercício do Veneralato, em razão de eleição para Venerável. Excepcionalmente, contudo, eles poderão se materializar através da substituição, quando admitida, do Venerável por um Mestre Instalado presente em determinada Sessão. Aqui o exercício eventual do Veneralato é rigorosamente igual, para efeito jurídico-maçônico, ao exercício normal do Veneralato (entendendo-se por exercício normal aquele que decorre de eleição para Venerável).

O exercício dos direitos conectados ao Mestre Instalado que é Venerável não permite muitas disquisições teóricas, salvo, é claro, aquelas ligadas a defeitos pessoais ou administrativos do Venerável.

Entretanto, a figura do Mestre Instalado que não mais ostenta a condição de Venerável, à luz da realidade brasileira, adquiriu uma importância sociológica tão grande que culminou na criação de uma categoria maçônica representativa de verdadeira casta: o Mestre Instalado. Entre nós, portanto, Mestre Instalado não significa apenas aquele que dirige – ou dirigiu – uma Loja Maçônica. Não. Mestre Instalado, com as raríssimas exceções de estilo, é uma realidade tão complexa que se necessita de uma analogia para enunciá-la: é um semideus da Maçonaria.

Essa distorção da condição de Mestre Instalado produz situações extremamente discutíveis: criação do "Oriente elástico" e exclusividade na abertura – e leitura – do "Livro da Lei".

Diz-se "Oriente elástico" aquele que tem a capacidade de ser "esticado" para poder receber todos os Mestres Instalados presentes em uma Sessão, Veneráveis ou não, além de outros convidados. Hipóteses há em que convidados e visitantes não podem sentar no Oriente porque os Mestres Instalados da Oficina ocupam todos os lugares. São autênticos "líderes de carreira", ou seja, correm para rapidamente ocupar as cadeiras do Oriente.

Poder-se-á dizer que o direito de sentar no Oriente,

outorgado ao Mestre Instalado, encontra-se previsto no Direito Maçônico das Obediências. Certo. Todavia, um direito não pode ser exercido abusivamente porque ter-se-á a figura do "Abuso do direito" que não pode ser tolerada.

Se existem Obreiros de outras Oficinas em visita a uma Loja, portadores da condição maçônica de Mestres Instalados ou de Representantes de Loja, cabe ao Venerável da Loja visitada ter um mínimo de noção protocolar para saber receber adequadamente os visitantes. Se o número de cadeiras no Oriente é insuficiente, manda o protocolo que os visitantes deverão ser acomodados em primeiro lugar. Depois, se for o caso, acomodam-se os Mestres Instalados da Loja visitada. É assim que se procede protocolarmente.

A abertura do "Livro da Lei" é outro instante representativo da supervalorização da condição maçônica de Mestre Instalado. Alguns Rituais, inclusive, chegam a prever expressamente que o ex-Venerável mais recente ou, na sua falta, outro Mestre Instalado será convidado para abrir o "Livro da Lei". Aqui, com propriedade, pode-se recordar SALOMÃO: **tudo é vaidade**.

Ao que tudo indica, fez-se um dilargamento inaceitável da concepção relativa ao "Direito de Sagrar" – ou de conferir Graus – que se reconhece ao Mestre Instalado. Todavia, o "Direito de Sagrar" não permite a defesa de algo estapafúrdio como a exclusividade do Mestre Instalado de abrir o "Livro da Lei". Afinal, a Instalação de um Mestre Maçom não o transforma, mesmo simbolicamente, em Sumo-Sacerdote, detentor do direito exclusivo de abrir o "Livro da Lei".

Logo, a prática encontrável em muitos lugares de Mestres Instalados se auto-atribuírem o direito de, com exclusividade, abrir o "Livro da Lei" (quando isso não tem previsão nos Rituais) é arbitrária e sem qualquer fundamento maçônico.

Não se pode compreender como uma condição simbólica – a de Mestre Instalado – pode se transmutar em direito de exclusividade no que diz com a abertura do "Livro da Lei".

O "Livro da Lei", na verdade, poderá ser aberto e lido por qualquer Mestre Maçom, Instalado ou não, na medida em que tal mister está de acordo com a idéia de plenitude maçônica. O Mestre – e não o Mestre Instalado –representa essa plenitude.

Esses dois comportamentos descritos (sentar, às carreiras e sem convite do Venerável, no Oriente e auto-atribuir-se o direito exclusivo de abrir o "Livro da Lei") materializam verdadeira distorção da finalidade maior de uma Instalação do Mestre Maçom. Traduzem, infelizmente, arranjos feitos com o escopo de acariciar o ego de muitos Mestres Instalados, garantindo-lhes uma discutível posição de destaque. Tudo, é bem de ver, muito mundano, fora daquilo que se espera de "homens incomuns", "livres e de bons costumes".

IV – A condição maçônica de Mestre Instalado, certamente, não deve ser vista exclusivamente pelo seu lado menos nobre – o das distorções. Existe um ângulo, pouco aproveitado em grande parte desse país, que pede uma reflexão urgente: a experiência acumulada por Mestres Instalados que não mais encontram-se no exercício do Veneralato.

Falando recentemente para Veneráveis e Oradores eleitos em Lojas do Grande Oriente do Brasil, no Estado de Minas Gerais, em encontro ocorrido na cidade de Juiz de Fora/MG, conclamei os jovens Veneráveis a deixarem de lado quaisquer atritos gerados pelo ambiente eleitoral e se aproximarem dos ex-Veneráveis que tiverem efetivamente experiência e lastro moral, formando com eles um verdadeiro "Governo da Loja", além, é claro, dos membros normais de uma Diretoria.

Sempre defendi respeito à experiência, ao patrimônio moral, de muitos ex-Veneráveis. Eles poderão ensinar muito aos jovens Veneráveis, alguns arrogantes e despreparados para o cargo. É preciso ver nesses ex-Veneráveis de bom estofo maçônico uma espécie de "conselho natural" do Venerável em exercício, principalmente se ele estiver no cargo sem ter a menor consciência do que ele representa, como sói acontecer.

Ao invés de ficar preocupados com coisas mundanas, próprias do ego, seria maçonicamente mais adequado que os Maçons se fixassem na valorização e no respeito que a experiência e o lastro moral de muitos Mestres Instalados reclama.

Isso, como dito, será conseguido com a participação deles, de modo fraterno, no "Governo da Loja", não como condutores diretos do processo administrativo da Loja, mister pertencente ao Venerável, mas como "Conselheiros de Fato" do Venerável, principalmente em momentos de comoção intestina.

O Mestre Instalado, em tal contexto, poderá, com indiscutível legitimidade, adquirir uma posição útil dentro da Loja, não a custa de comportamentos discutíveis, como os dois versados precedentemente. Mais: ter-se-á, uma vez trilhado o caminho do respeito à experiência, um comportamento maçonicamente elogiável porque se traduzirá em uma palavra cara ao discurso maçônico e pobre em termos factuais – fraternidade.

V – À guisa de conclusão talvez se possa dizer que, apesar das vicissitudes ritualísticas, por assim dizer, a Cerimônia de Instalação, se não for tipo "Instalação em massa", ainda é – ou deveria ser – um momento maçonicamente importante, uma vez que, em termos puramente ritualísticos, não factuais, possui uma significação indiscutível.

Urge, portanto, resgatar a grandeza simbólica da Cerimônia de Instalação, banindo-se, tanto quanto possível, a prática da "Instalação em massa".

Tal Instalação não é, se se for rigoroso com a ritualística, realmente uma Instalação. É, com propriedade, um "simulacro de Instalação" regado, não raro, por forte dosagem etílica.

Deve-se, por outro lado, combater firmemente a "construção brasileira do Mestre Instalado", ou seja, a discutível categoria maçônica representada por indivíduos possuidores de egos produtores de todo tipo de patologia comportamental, sempre ávidos por posições que imaginam capazes de lhes retirar da mediocridade para o "estrelato maçônico".

Não se pode transigir, portanto, com a criação de "Orientes elásticos" e com a auto-atribuição do direito exclusivo de Mestres Instalados abrirem o "Livro da Lei" porque isto se choca frontalmente com a plenitude maçônica alcançada no Grau de Mestre Maçom.

Todavia, também é necessário que se respeite a experiência e o lastro moral daqueles Mestres Instalados, que possuírem realmente esses atributos, que já tiveram a oportunidade de dirigir uma Loja Maçônica. Tais homens serão valiosos para um Venerável que tenha um mínimo de sensibilidade humana, uma vez que poderá fazer deles membros ativos do "Governo da Loja", autênticos "Conselheiros", mormente em momentos conturbados da Loja.

A juventude tem seus encantos e sua indiscutível utilidade. Uma coisa, porém, é certa: **não se despreza, impunemente, a experiência dos mais velhos.** Só os tolos não procuram aliar a força da juventude à experiência dos mais experimentados. Veja-se, a propósito, como o Oriente e o Ocidente, em termos profanos, tratam os mais velhos. Observe-se, ainda, as conseqüências disso. Foi possível entender a alegoria? Amém.

O que os Maçons podem fazer para a Maçonaria?

INTRODUÇÃO

I – Conceito de Maçom
II – Crise Semântico-Pragmática do Maçom
III – Planejamento Maçônico
IV – Superação da Crise Semântico-Pragmática do Maçom

A comunidade maçônica, nos dias que correm, convive com uma realidade que, tirante as exceções de estilo, reais ou nominais, é preocupante: existe um Maçom nominal enquanto deveria existir um Maçom real. Tal fato tem sido responsável pela edição de livros, feitura de seminários e simpósios maçônicos que, de seu turno, também produzem as mais variadas soluções, pelo menos no plano do papel.

A factualidade, todavia, tem se mostrado refratária aos esquemas teóricos, de modo que a distância abissal entre a teoria e a prática, ou seja, entre os conceitos e os comportamentos, não pode ser desmentida por um discurso de índole retórica. Trata-se, induvidosamente, de um fato social-maçônico que necessita ser convenientemente estudado a fim de que seja possível elaborar uma explicação que tenha valor operacional, distante, portanto, daquelas apoiadas em palavras saturadas de apelo emocional que mais se assemelham a um panfleto ou a uma declaração de fé sem base factual.

Um estudo conseqüente deverá ter perfil semiológico – ou, se se preferir, semiótico – mormente à luz da concepção de Charles Sanders Pierce: A linguagem tem três planos – ou níveis – chamados de semântico, sintático e pragmático. Interessam, neste momento, os planos semântico e pragmático. O plano semântico é aquele onde os signos são conceituados com base em um contexto determinado; o nível pragmático, de sua parte, materializa o relacionamento que se estabelece entre o signo e seus utentes.

Trazendo-se tais noções para a realidade maçônica, é factível assentar-se, com intuito estipulativo, que o **Maçom**, enquanto categoria sociológica, é um signo pertencente ao tecido social. É dizer: a sociedade, considerada globalmente, fabrica seus conceitos de Maçom e elabora suas teorias sobre o Maçom e sobre a Maçonaria. O Maçom, portanto, enquanto signo, é susceptível de análise nos planos semântico (conceitual) e pragmático (comportamental).

I – O que é um Maçom do ponto de vista semântico? Dir-se-á, dentre outras possibilidades conceituais, que é alguém que foi Iniciado em uma Loja regular, justa e perfeita por ser livre e de bons costumes. Um conceito construído com esses matizes maçônicos, naturalmente, tem alcance limitado: é aproveitável no âmbito maçônico, não no espaço profano.

A percepção conceitual que o Profano tem do Maçom consiste, basicamente, no seguinte: é uma pessoa que usa terno preto e freqüenta Sessões envoltas em mistério, protegidas daqueles que não fazem parte da Maçonaria.

Tem-se, de logo, uma constatação relativamente ao plano semântico do signo Maçom: existe uma bimembridade conceitual envolvendo tal signo, uma vez que há um conceito de cores maçônicas e um conceito profano. E, certamente, os termos formadores desses conceitos são distintos, embora não possam ser havidos como antagônicos porque em um nível mais profundo de análise as visões maçônica e profana do Maçom são complementares, uma vez que, juntas, originam aquilo que poderia ser chamado de "conceito de Maçom" em perspectiva ampla.

Repare-se: as diferenças conceituais observáveis são válidas para os domínios pertinentes, isto é, para os espaços maçônico e profano. Todavia, o **conceito amplo de Maçom** é o resultado da mistura, por assim dizer, das duas direções conceituais apontadas (maçônica e profana).

O **conceito amplo de Maçom**, de seu turno, tem uma singularidade: é compreendido pelo Maçom, uma vez que conhece os conceitos maçônico e profano de Maçom, mas não pelo Profano que só percebe a matéria formativa do conceito de Maçom no universo pertinente, não no maçônico. Por outras palavras: gnoseologicamente falando, o **conceito amplo de Maçom** só aproveita ao Maçom, não ao Profano. Este continuará com um **conceito parcial de Maçom:** o conceito profano.

O prisma pragmático do signo Maçom tem a mesma bimembridade encontrável no nível semântico. De fato, existe um relacionamento entre Maçons e entre Maçons e Profanos. O relacionamento maçônico é sustentado, pelo menos no campo da retórica maçônica, inclusive pelo juramento de ajuda mútua em tudo que for justo e perfeito.

O comportamento de um Maçom, se se prestigiar uma formulação meramente especulativa, deveria traduzir a essência dos muitos juramentos que faz, seja no mundo maçônico, seja no mundo profano.

Aliás, convém que se diga claramente, no caso do prisma pragmático do Maçom o comportamento maçônico deve ser idêntico ao comportamento profano: reto, sustentado pelos valores maiores da honradez e do caráter sólido. É que não há possibilidade de um Maçom ser correto no meio maçônico e incorreto na vida profana, ou vice-versa. Aqui não há meio termo: ou é ou não é.

II – A Maçonaria, enquanto "instituição que se perde na noite dos tempos", certamente passa ao largo dessa **crise semântico-pragmática**, por assim dizer, que se abateu sobre o Maçom. Mesmo assim, infelizmente, respingos a atingem no instante em que o Profano, apoiado em seu conceito de Maçom e em sua observação do comportamento de muitos Maçons, a confunde com os Maçons, responsabilizando-a pelos desatinos cometidos por eles. Materializa-se, em momentos como esse, uma confusão inaceitável entre Maçonaria e Maçom, confusão essa que advém do fato de o Maçom não se preocupar, como regra, com a necessária identidade comportamental que ele deve ter, ou seja, comportar-se, de preferência em companhia de valores hígidos, da mesma maneira no mundo maçônico e no mundo profano.

A **crise semântico-pragmática** do Maçom, entretanto, tem outras realidades que não escondem seu matiz patológico. Tome-se, a título exemplificativo, as seguintes: existência de "Profanos de Avental"; falta real, não conceitual ou nominal, de igualdade, liberdade e fraternidade (a velha "ditadura maçônica"); campeonato de Iniciações, feitura de Elevações e Exaltações por razões subalternas; existência de facções, em Loja e fora dela; proliferação de eventos movidos por combustível etílico. Tais fatores, como se verá a breve trecho, são causa, inclusive, da evasão de Obreiros sérios de muitas Lojas.

O chamado "Profano de Avental" é um indivíduo que só nominalmente pode ser considerado como Maçom, não em termos reais. Usa terno preto, cola adesivo maçônico no carro, dá toques a mancheias e eventualmente freqüenta a Loja que teve a falta de senso de Iniciá-lo. Todavia, não é Maçom no nível comportamental, uma vez que nunca compreendeu, sequer, apesar de muitas vezes ser Grau 33, o simbolismo ligado à marcha do Aprendiz.

O "Profano de Avental" tem muitas facetas: utiliza-se, indevidamente, de sua condição maçônica no mundo profano (muitas vezes, inclusive, para passar por barreiras policiais ou pela aduana) e, não raro, corre loucamente atrás dos cargos maçônicos. Afinal, parafraseando o lema da Escola de Sagres (navegar é preciso; viver não é preciso), "brilhar é preciso; ser Maçom não é preciso".

Sucede, porém, que o "Profano de Avental" é o Maçom utilizado pelo Profano para construir seu conceito de Maçom e para elaborar suas teorias sobre os afazeres maçônicos. Não é difícil compreender, portanto, por que o mundo profano encara o Maçom com explícita desconfiança. Ora, se o material de estudo do Profano é um "simulacro de Maçom", como ele poderá ter uma concepção adequada do que é ser Maçom e do que é a Maçonaria? Certamente que a tarefa é inviável.

Por outro lado, a sacrossanta realidade francesa materializada no trinômio (chamado pela vulgata de **trilogia**) liberdade, igualdade e fraternidade só tem existência no Direito Maçônico e na retórica maçônica, não no campo factual. O dia-a-dia de muitas Lojas e de certas Obediências Maçônicas configura, na verdade, uma autêntica "ditadura maçônica" onde a igualdade, a liberdade e a fraternidade só se manifestam entre aqueles que fazem parte do grupo que está no poder. Para os demais, existe apenas a dimensão conceitual desses vocábulos (prisma semântico) mas não a parte comportamental (ângulo pragmático).

Sufoca-se, de modo truculento, qualquer iniciativa democratizadora das relações em Loja e na própria Obediência

Maçônica. Admite-se, apenas, a propagação dos conceitos de igualdade, de liberdade e de fraternidade, não sua vivência no cotidiano maçônico. Reina, de fato, a barbárie maçônica, algo próximo, se se quiser, do **Estado de Natureza** concebido por HOBES.

O campeonato de Iniciações, as Elevações e Exaltações irresponsáveis são um tópico preocupante em muitas Lojas. Com efeito, muitos Veneráveis parecem conceber a Iniciação de Profanos como um campeonato entre Lojas: quem Iniciar mais será declarado campeão. Daí que os resultados não se fazem esperar: Iniciam-se dez Profanos, por exemplo, e apenas um – às vezes dois – continua a freqüentar a Loja regularmente. Os demais voltaram para o lugar de onde nunca deveriam ter simbolicamente saído: o mundo profano.

Determinadas Elevações e Exaltações são feitas por razões espúrias. Ora essas razões estão localizadas no meio profano, ora no meio maçônico (v.g. a Exaltação feita com o objetivo de permitir que o recém-Mestre Maçom vote em eleição para Venerável). Em qualquer dessas hipóteses uma coisa não poderá ser contestada: a motivação desses acontecimentos maçônicos (talvez seja melhor dizer: formalmente maçônicos) é inaceitável.

A Loja Maçônica – e a própria Obediência – admitidas, sempre, as louváveis e escassíssimas exceções, vem se transformando em um ambiente de intrigas e de inimizades pessoais adornadas com a hipocrisia do rótulo de "Irmão". Verdadeiras facções políticas instalaram-se em várias Lojas, de modo que é comum ouvir-se frases do tipo "o grupo de fulano", "o grupo de beltrano" e quejandos

Ora, a Maçonaria não pode conviver com essa realidade. Não é possível que uma Loja Maçônica seja transformada em um amálgama de verdadeiros "partidos políticos maçônicos" porque isso é contrário aos belos postulados teóricos da Ordem.

Chega-se, finalmente, ao "momento etílico" da Maçonaria, ou seja, àquele instante terrível onde as coisas parecem se resumir a comer e beber. Examinem-se os orçamentos de algumas Lojas e será possível constatar algo estarrecedor: a parte do orçamento destinada às festas tipo "boca livre" representa praticamente o orçamento inteiro. E as outras atividades, não têm importância? Parece que não. Comida e bebida são fundamentais. O resto é intriga da oposição.

Todos os componentes da **crise semântico-pragmática** do Maçom, listados e examinados, funcionam como agentes responsáveis pela evasão significativa, de Obreiros qualificados maçonicamente, observável em muitas Lojas. Sim, porque não é crível que um Maçom responsável possa se sentir bem em uma Loja que se encontra mergulhada em uma crise de amplas proporções, embora seus dirigentes não tenham consciência disso ou, o que é pior, são omissos por saberem que a crise existe e não atuarem para minorá-la.

A factualidade maçônica (ou o prisma pragmático) vai sendo soterrada, velozmente, pelos descalabros produzidos por **Maçons nominais** enquanto a retórica maçônica, acompanhada por trombetas, grita insistentemente: viva a liberdade, a igualdade e a fraternidade.

Eis, desgraçadamente, o quadro da atualidade, sempre negado de público, principalmente naquelas oportunidades onde a "Filosofia de Beirute" é utilizada sem culpa: "Não existem verdades; existem versões".

Assim, causa uma certa tristeza quando se ouve da boca de certos **Maçons nominais** a frase seguinte: "meus Irmãos, vamos trabalhar". Trabalhar? Será que uma reunião de homens que nutrem ódio uns pelos outros, que se abraçam hipocritamente, que dormem durante a Sessão e que planejam festas e mais festas onde possam comer e beber de graça pode, efetivamente, ser chamada de trabalho? Só se for, como tantas outras coisas maçônicas, no plano da retórica vazia.

III – Não se pense, todavia, que se está pregando, explícita ou implicitamente, a adoção da filosofia do *niilismo*. Não. Se ângulos patológicos dos Maçons foram explicitados, o foram com a intenção de mostrar que, ainda assim, a instituição Maçonaria merece a busca de alternativas capazes de melhorar o **perfil semântico-pragmático** do Maçom.

Quando se pretende elaborar uma espécie de ***iter* procedimental** para se alcançar determinado objetivo, convém deixar claro que ele é apenas um **modelo** apoiado na subjetividade do seu autor, não uma proposta com valor geral e inquestionável.

Esse cuidado prévio – e elementar – não pode ser descurado sob pena de discussões estéreis serem encetadas, o que não produzirá nada de útil. Portanto, uma premissa metodológica precisa ser, de logo, **cravada**: as proposições que se seguem traduzem, apenas, a concepção do autor que se assenta em dados obtidos através da observação. Não significam, nem de longe, modelos prontos e acabados, insusceptíveis de retificações, quando for o caso.

Mais: são assertos provisórios no sentido de que o conhecimento é um vir-a-ser que se faz a si mesmo continuamente. Ou como diria KARL POPPER: na ciência só o transitório é definitivo.

Sendo assim, o planejamento, em nível maçônico, é um instrumento que poderá se revelar eficiente na superação da crise semântico-pragmática do Maçom. Sublinhe-se, entretanto, que um planejamento, para render os resultados esperados, precisa de material humano adequado para pô-lo em execução. Isto será melhor examinado à frente. Voltemos a atenção, por ora, para o ângulo administrativo do planejamento maçônico.

Do ponto de vista estritamente administrativo, deve-se destacar a necessidade de um Venerável elaborar um **plano de trabalho** para que seu mandato não seja exercitado atabalhoadamente. Um plano de trabalho significa **planejamento**, mas um planejamento concertado, não linhas de ação fixadas unilateralmente pelo Venerável.

Deve-se, portanto, reunir a Diretoria da Loja para se fazer a escolha dos parâmetros que nortearão o trabalho. Trabalho de equipe, portanto. Quando houver a definição das linhas de ação, caberá ao Venerável apresentá-las à Loja, buscando o apoio real dos Irmãos para que o planejado transforme-se em realidade.

O plano de ação – ou planejamento – dependerá, obviamente, de alguns fatores: realidade da Loja, idéias encontráveis nos Obreiros, etc.. Entretanto, cumpre sublinhar um aspecto: o planejamento deverá ser exeqüível, operacionalizável. Não adianta elaborar-se um planejamento analítico, quilométrico, se ele não tiver chances reais de sair do papel. Pode-se recomendar, nesse passo, o livro "Como Gerenciar uma Loja Maçônica", 2ª ed. Londrina: Editora Maçônica "A TROLHA", 2001, escrito por Heinz Roland Jakobi e José Soares Barbosa.

Apesar de se admitir que os itens de um planejamento são, mais ou menos, plásticos, considera-se como importantes os seguintes:

a) Expedição de *Quitte Placet* de ofício para os Obreiros qualificáveis como "Profanos de Avental";

b) Instituição de um fundo destinado a adimplir os débitos de Irmãos que, por razões justificadas, não possam fazê-lo;

c) Elaboração de estudo sobre a média de idade dos Obreiros e preparação de eventuais substitutos;
d) Valorização do "padrinho maçônico" como instância primeira na solução de conflitos maçônicos;
e) Esvaziamento de facções existentes em Loja;
f) Estabelecimento de critérios sérios para Iniciações, Elevações e Exaltações (observando-se, ainda, os requisitos estabelecidos pela Obediência Maçônica);
g) Divulgação da Maçonaria, através de palestras e similares, no mundo profano;
h) Combate às causas de evasão de Obreiros da Loja;
i) Feitura de contatos freqüentes com as viúvas e filhos de Obreiros da Loja já falecidos;
j) Criação de um "Conselho" formado pelos ex-Veneráveis da Loja que tiverem reconhecida experiência e lastro maçônico;
k) Transformação dos conceitos de igualdade, liberdade e fraternidade em comportamento encontrável no dia-a-dia da Loja.

a) O "Profano de Avental", como já registrado anteriormente, é uma realidade que precisa ser extirpada das Lojas para o bem da Maçonaria. Ele não é necessário à obra maçônica. Se uma Loja pretende ter um ambiente de qualidade maçônica, ela deverá, **enquanto Loja**, utilizar o conceito de **inconveniência** para determinar a expedição de *Quitte Placet* de ofício para todos os "Profanos de Avental" que, contatados adequadamente, mostrarem-se firmes no propósito de permanecerem em tal condição. O "Profano de Avental", enquanto tal, é inconveniente para qualquer Loja Maçônica consciente de sua importância.

b) Muitas Lojas Maçônicas convivem com uma coisa preocupante: Irmãos, por razões materiais diversas, não podem honrar seus compromissos com a Loja e com a

Obediência. Estranhamente, porém, não se tem notícia de que esses Irmãos sejam socorridos, pelo menos como regra. Alega-se, quase sempre, falta de recursos. Todavia, para financiar festas, com comida e bebida gratuitas, não falta dinheiro. Isto, está claro, configura uma inversão de valores que não pode ser tolerada dentro de uma Loja Maçônica.

Deve-se prever (através de inserção no Regimento Interno da Loja, uma vez que se trata de matéria orçamentária) que um percentual "X" do orçamento será destinado para o **"FUNDO FRATERNAL"** – ou outra designação que se queira dar. Esse fundo será utilizado, apenas, na hipótese de o Irmão não honrar suas obrigações metálicas.

É claro que o Venerável deverá se certificar, antes de autorizar o Tesoureiro a lançar mão do **"FUNDO FRATERNAL"**, que as razões declinadas pelo Obreiro são realmente corretas. Se não se tiver esse cuidado, é possível que alguns espertalhões tentem se beneficiar ilicitamente do **FUNDO**. Um cuidado final também é imprescindível: se for possível, a conversa do Obreiro necessitado deve permanecer adstrita ao Venerável. A mesma coisa vale para a ajuda prestada.

c) O tempo flui inexoravelmente. Muitos Maçons, entretanto, parecem imaginar que são eternos. Agarram-se aos cargos maçônicos como se eles fossem seus e não da Loja – ou da Obediência. Resultado: a Loja não dispõe de jovens em seus cargos-chave porque parte significativa dela é hostil a qualquer mudança que possa diminuir a importância que alguns se auto-atribuem.

Torna-se necessário que o Venerável envide esforços a fim de que a Loja possa, por si ou por alguém externo a ela, elaborar um estudo que forneça dados sobre o perfil temporal dos Obreiros. Urge, ainda, que os mais experientes preparem os mais jovens para o exercício dos cargos maçônicos, uma vez que a rotatividade dos cargos, por mais que alguns não queiram, é um salutar princípio encontrável em sociedades evoluídas.

Assim como há "tempo de falar e tempo de calar", também existe o tempo de **trabalhar** (exercendo cargos maçônicos, ou não) e o tempo de sair de cena com dignidade para que outros tenham a oportunidade de exercer tais cargos. É exatamente essa compreensão que deve ser disseminada em Loja pelo Venerável e pelos demais membros da Diretoria. As eleições subseqüentes tenderão a ser tranqüilas e não espetáculos tristes como acontece em muitas Lojas.

d) Existe uma figura na Maçonaria da atualidade que perdeu quase toda sua importância: o "padrinho maçônico". De fato, são poucos os Maçons que lhe tributam o respeito que deveria merecer.

Todavia, o "padrinho maçônico" deve ser valorizado, de modo que seja, inclusive, um conselheiro do "afilhado" e, nessa condição, funcione como instância primeira na solução de conflitos maçônicos.

Não se pode descartar o "padrinho maçônico", como se faz em algumas Lojas, como se ele fosse uma espécie de "resíduo maçônico". As coisas não são bem assim.

Pelo contrário, ele deverá ser ouvido todas as vezes que seu "afilhado" estiver envolvido em querelas de natureza maçônica, o que, convenhamos, é um comportamento assaz fraterno.

e) Esvaziar os "grupos políticos" existentes em Loja é outra tarefa inadiável. Tais grupos, onde existem, provocam desagregação e instabilidade no seio da Loja.

Só deve existir um grupo em Loja: o grupo dos Maçons que formam uma Loja determinada. As divisões internas enfraquecem a Oficina e revelam que o espaço maçônico foi conspurcado com as mazelas profanas. O Venerável, se tiver um preparo mínimo para o exercício do cargo, trabalhará incessantemente, de forma fraterna, sem se deixar levar por idiossincrasias, para que tais grupos sejam dissolvidos e para que, por conseqüência, reine o respeito, a compreensão e a fraternidade dentro da Loja e na Obediência Maçônica.

f) O Direito Maçônico de cada Obediência estabelece os requisitos que devem ser preenchidos para a Iniciação, para a Elevação e para a Exaltação. Não obstante, além desses aspectos jurídico-maçônicos a Loja deverá se manter vigilante para evitar que alguns tresloucados queiram adotar um – ou todos – desses caminhos:

→ *Iniciar Profanos em razão, pura e simplesmente, de suas posições profanas;*

→ *Elevar e Exaltar Obreiros, tendo por base aspectos idiossincráticos ou utilitários.*

Iniciações, Elevações e Exaltações deverão merecer todo o rigor possível, de modo que tais momentos maçônicos recuperem a importância de outrora. Deve-se introduzir na Loja o hábito de se discutir abertamente, respeitada, é claro, a limitação imanente a cada Grau, sobre essas realidades, de modo que as decisões sejam realmente tomadas "em família", o que conferirá a elas indiscutível legitimidade.

g) O mundo profano pouco conhece da Maçonaria, enquanto instituição, porque os Maçons não a divulgam adequadamente. O que o Profano costuma conhecer da Maçonaria, já se disse, é o comportamento criticável de muitos Maçons. Portanto, é recomendável que todas as oportunidades que forem oferecidas pelo universo profano sejam aproveitadas para que se faça a **divulgação da Maçonaria,** não do ego dos Maçons.

O Venerável, de preferência, deverá avocar para si a atribuição de designar algum Obreiro para fazer essa divulgação. Nesse momento é preciso entender que a tarefa deverá recair sobre alguém qualificado para exercê-la satisfatoriamente, não sobre aqueles que não têm gabarito intelectual – e moral – para desempenhá-la.

Não se deve manter um único Obreiro como divulgador da Maçonaria nos eventos profanos. Pelo contrário, se a Loja dispuser de material humano suficiente é recomendável que se faça um rodízio entre os Obreiros para que eles percebam, concretamente, que existe igualdade e fraternidade.

h) O número de evasões de Obreiros sérios, registrado em muitas Lojas, impressiona. Quais as causas motivadoras dessas evasões? Tal indagação admite, certamente, muitas respostas. Entretanto, tome-se como ponto inicial de análise aquilo que pode ser denominado de "truculência institucional".

A "truculência institucional" consiste em indivíduos despreparados, sob todos os aspectos, tomarem de assalto o poder maçônico, em todos os níveis, e passarem a gerir a coisa pública maçônica (porque ela não é de propriedade deles) como se ela fosse algo privado. Em ambientes de tal envergadura, é difícil vislumbrar a possibilidade de o inter-relacionamento desenvolver-se em padrões que guardem pertinência com a etiqueta social mínima, uma vez que o arsenal vocabular da "truculência institucional" – bem como seus gestos – é mais adequado para uma sessão de "pugilato verbal".

Indivíduos grosseiros, rudes, insensíveis, ignorantes maçônicos de todos os quadrantes, são alçados ao cargo de Venerável da forma mais irresponsável possível. Conseqüência: a ritualística não é obedecida nas Sessões, os maus tratos são freqüentes, o que vai gerando uma decepção naqueles que têm algo de positivo dentro da caixa craniana, até que eles se retiram da Loja, para satisfação de muitos Maçons nominais.

O Venerável deverá ficar atento às evasões que ocorrerem na Loja que dirige. Convém investigar as causas reais – não as aparentes – bem como desenvolver ações concretas para trazer esses Irmãos de volta à Loja, se, evidentemente, forem Irmãos sérios. Virar as costas simplesmente para a evasão é uma atitude reprovável que não se coaduna com a fraternidade maçônica.

I) Talvez uma das realidades mais chocantes que existe hoje no círculo maçônico seja a atitude de completo desrespeito que inúmeros Maçons têm – e, por conseqüência, inúmeras Lojas – para com as viúvas e filhos de Maçons falecidos. O fato realmente é lastimável porque quando o Maçom era vivo seus Irmãos chamavam sua mulher de "Cunhada" e seus filhos de "Sobrinhos". Após sua morte, parece que seus outrora "Irmãos" deram-se conta de que o princípio da subsidiariedade do direito profano, relativamente ao direito maçônico, poderia ser utilizado com sucesso na medida em que, no direito profano, a morte provoca o desaparecimento do cunhadio.

Pronto. Se o "Irmão" foi para o Oriente Eterno, então não existe mais cunhadio, razão viabilizadora da indiferença relativamente à "ex-Cunhada" e atual desconhecida. E os filhos do Maçom falecido? Ora, os filhos, se os Maçons vivos já não têm interesse de se relacionar com a mãe deles, imagine com eles. Também são ignorados solenemente.

Dirão alguns que essa triste realidade não existe em muitas Lojas. Certo. Entretanto ela se faz presente em inúmeras Lojas de muitos lugares desse País, de modo que, infelizmente, ela é a regra e não a exceção.

O Venerável, além de fiscalizar o cumprimento dos

deveres impostos ao Hospitaleiro, deve, com ajuda de sua mulher (naturalmente se for casado), visitar regularmente as viúvas de Maçons, bem como interessar-se verdadeiramente por seus problemas e pela vida dos "Sobrinhos".

A visita deverá ser pessoal. As ditas "visitas telefônicas" não surtem o mesmo efeito de um encontro pessoal. A "Cunhada" e os "Sobrinhos" talvez se sintam felizes por constatarem que a "família maçônica" continua existindo após a ida do Maçom para o Oriente Eterno.

J) O Ocidente (em acepção profana) terá muito a ganhar se imitar o Oriente no que diz com o respeito devotado aos mais velhos. Os orientais sabem o valor da experiência e, por isso mesmo, não a desdenham. A mesma coisa vale para a administração de uma Loja Maçônica.

Com efeito, o Venerável deverá pesquisar a história real – não a fabricada artificialmente – dos ex-Veneráveis da Loja que ainda a freqüentam, de modo que seja possível identificar aqueles que tenham experiência e lastro maçônico. Uma vez identificados esses Irmãos, o Venerável deverá convidá-los para compor uma espécie de "Conselho" que, juntamente com a tradicional Diretoria, materializará a realidade administrativa que poderá ser designada como "Governo da Loja".

Perceba-se que "Governo da Loja" é algo bem mais amplo do que "Diretoria da Loja", uma vez que agrega o "Conselho" formado por ex-Veneráveis. Trata-se, é bem de ver, de realidade mais representativa que a simples Diretoria. O "Governo da Loja" deverá, realmente, governar a Loja, sempre com o apoio dos Obreiros a fim de não perder a necessária legitimidade.

k) Chega-se, finalmente, à parte mais importante dos itens listados em um planejamento maçônico: a transformação dos **conceitos** de liberdade, igualdade e fraternidade em **comportamentos** maçônicos guiados por esse trinômio.

Se a Loja não vivenciar, no seu dia-a-dia, a Liberdade, a Igualdade e a Fraternidade, de modo incondicional, então nenhum planejamento funcionará satisfatoriamente do ponto de vista maçônico.

Tudo – absolutamente tudo – gira em torno da superação da retórica maçônica, materializada em discursos inflamados e escritos sobre a grandeza da Liberdade, da Igualdade e da Fraternidade, para que se chegue à concretude maçônica desses conceitos.

De nada adiantará falar de fraternidade se um Maçom, exercendo a função de Grande Secretário, diz, por escrito, que a forma mais rápida de se livrar de um Obreiro é a infreqüência ou a inadimplência. Ora, então a infreqüência e a inadimplência não podem ter causas que as justifiquem? Certamente que podem. E, na maioria das vezes, o assunto é resolvido com atitudes fraternas, não com recomendações como essa feita por esse Grande Secretário que, talvez, não conheça a vivência do conceito de fraternidade.

O grande desafio dos Maçons talvez consista exatamente nisso: sair dos conceitos, da retórica descompromissada com os fatos, para a vivência diária dos conceitos a fim de que eles sejam traduzidos em comportamentos, não em palavras grandiloqüentes porém vazias de concretude.

IV – O que os Maçons podem fazer para a Maçonaria? Podem, apenas, ser Maçons, nada mais. Entretanto, o ser Maçom nesse contexto implica algo muitíssimo sério: transformação do "Maçom nominal" em "Maçom real", o que é uma tarefa, apesar de urgente, hercúlea.

Com efeito, o primeiro passo para essa transformação consiste em o Maçom esforçar-se honestamente para ter um comportamento único, no universo maçônico e no espaço profano, apoiado em valores moralmente sãos. Esse comportamento moralmente adequado trará, indiscutivelmente, um reflexo imediato no **perfil semântico-pragmático** do Maçom:

> *1) no **nível semântico**, ter-se-á uma melhoria do conceito profano de Maçom na medida em que a identidade comportamental aludida fará com que os Profanos de boa cepa moral percebam que o conceito de Maçom é algo diferente daquilo que imaginavam;*
>
> *2) no **ângulo pragmático**, então, a mudança tenderá a ser mais consistente, uma vez que o universo profano moralmente hígido observará que o Maçom é um homem de comportamento elogiável – pelo fundo e não pela forma – em sociedade. Não é um desqualificado qualquer que veste um terno preto para ter um álibi para atitudes outras, nem um contumaz descumpridor de seus deveres, comerciais ou de outra ordem.*

A passagem da realidade representada pelo "Maçom nominal" para a dimensão do "Maçom real" só poderá ser feita "de dentro para fora", ou seja, se o Maçom for capaz de compreender – **e principalmente de agir** – que deverá mudar a si mesmo em primeiro lugar para, posteriormente, tentar influenciar positivamente o meio que o circunda. E só se pode mudar internamente, com prova factual dessa mudança, quando se **entende** e se **pratica** continuamente a diretriz fornecida pelo grande SÓCRATES: "conhece-te a ti mesmo", uma vez que ninguém poderá melhorar como pessoa se não se conhecer o suficiente para identificar os pontos que necessitam ser revistos.

Surgindo a figura do "Maçom real", ter-se-á como produto outra faceta comportamental absolutamente necessária para o convívio maçônico em bases realmente – e não retoricamente – maçônicas: a vivência concreta, no dia-a-dia maçônico, da Liberdade, da Igualdade e da Fraternidade.

Será possível, então, viver-se efetivamente como "Irmãos", mesmo que se saiba que diferenças, resultantes da individualidade de cada um, sempre existirão. O tratamento de "Irmão", então, transformar-se-á na expressão comportamental da fraternidade.

O "Maçom real", vivendo em um clima maçônico de Igualdade, Liberdade e de Fraternidade, terá condições reais de elaborar – e operacionalizar – um planejamento capaz de permitir que as Lojas – e as Obediências Maçônicas – alcancem as **metas estabelecidas no item III deste trabalho.**

Entretanto, se não for possível a transformação do "Maçom nominal" em "Maçom real", do conceito de Liberdade, Igualdade e Fraternidade em comportamentos regidos por essas realidades, tudo permanecerá no campo retórico, verbal ou por escrito. Nenhum planejamento, por melhor que possa ser do ponto de vista técnico, funcionará porque o material humano que o porá em execução não terá qualificação para isso.

Voltemos à indagação que fornece o título para esse trabalho: "O que os Maçons podem fazer para a Maçonaria?".

Podem transformar-se em "Maçons reais" para que seus comportamentos do dia-a-dia sejam ditados pela Igualdade, pela Liberdade e pela Fraternidade, a fim de que as Lojas – e as Obediências Maçônicas – pautem-se por diretrizes moralmente hígidas e não por razões discutíveis.

Se fizerem isso, a Maçonaria certamente sairá fortalecida na medida em que seus membros a dignificarão, dentro dela e no universo profano.

Relembre-se: não é suficiente planejar, projetar e verbos

similares. Necessitamos de **ação transformadora** sob pena de o "Maçom nominal" continuar com seu estereótipo – ou arquétipo – maçônico: fala muito; planeja muito; bebe muito; come muito; compõe-se muito e faz muito pouco em termos maçonicamente aceitáveis.

É dizer: há de se sair da **palavra** (retórica) e dos **planejamentos formais** (no papel) para o campo comportamental, dos atos, da ação, atrelado a uma axiologia maçônica hígida.

Parece bem concluir citando Fernando Pessoa:

> *Podem rezar latim sobre o meu caixão, se quiserem.*
> *Se quiserem, podem dançar e cantar à roda dele.*
> *Não tenho preferências para quando já não puder ter preferências.*
> *O que for, quando for, é que será o que é.*
> (O Eu Profundo e os Outros Eus: Seleção Poética, 29ª Impressão, Rio de Janeiro: Editora Nova Fronteira, s/d, p. 176).

Sobre as Obediências Maçônicas

Encontra-se, em dicionário maçônico reputado de boa cepa intelectual, a seguinte explicação para a expressão "obediência a uma Potência Maçônica":

> *Obediência é uma Potência Maçônica Soberana, constituída pela reunião de várias Lojas formando uma Federação sob o nome de Grande Loja ou de Grande Oriente. Este termo de origem francesa, e tirado do vocabulário eclesiástico, tem o mesmo significado de "jurisdição". Assim, as Lojas, da Obediência de tal Grande Loja seriam as Lojas que estão sob a jurisdição de tal Grande Loja ou Grande Oriente. (...)*
> (Nicola Aslan, Grande Dicionário Enciclopédico de Maçonaria e Simbolismo, Volume III, 2ª ed. Londrina: Ed. Maçônica " A TROLHA", 2000, p. 774).

O mesmo autor registra, para a expressão "Potência Maçônica", a seguinte compreensão:

> *Diz-se de um corpo soberano que dirige uma Federação de Lojas. Segundo a sua constituição, o G. O. do Brasil é constituído pelas Lojas simbólicas organizadas em Grandes Orientes Estaduais autônomos ou em Delegacias Estaduais, regidas pela Constituição e formando uma Federação indissolúvel,*

denominada G. O. do Brasil, suprema e exclusiva autoridade em sua jurisdição. (...) (ob. cit. p. 888).

O autor citado, em essência, trata as expressões "Obediência Maçônica" e "Potência Maçônica" como sinônimas. Não obstante, adotar-se-á no presente trabalho (a começar pelo próprio título) a terminologia "Obediência Maçônica", uma vez que é difícil vislumbrar-se a caracterização do aspecto "jurisdição maçônica" à luz da concepção de "Potência Maçônica", tirante, é óbvio, opiniões em contrário.

I – Costuma-se lidar, em Maçonaria, com uma petição de princípios: a Maçonaria é universal; a Maçonaria é uma só e outras expressões congêneres.

Todavia, apesar de a Maçonaria ter tal caráter, os Maçons, ao que parece, são bem acostumados a uma realidade diametralmente oposta: as divisões que provocam rachaduras enormes no tecido maçônico, apesar de ser reputado como universal.

De fato, Maçons "antigos" e Maçons "aceitos" travaram sua guerrinha particular para saber quem era quem na Maçonaria. Maçons "operativos" e Maçons "especulativos" também não parecem ter bebido água na mesma fonte maçônica, por assim dizer. Essas dualidades envolvendo a categoria Maçom foram responsáveis por muitas teses apaixonadas, porém de visão maniqueísta.

A **Bíblia** também foi motivo de discórdia na Maçonaria, principalmente no terreno da regularidade. O "Livro da Lei" deveria ser a Bíblia, não qualquer documento religioso. O assunto tinha tanta importância que mereceu uma declaração solene das Grandes Lojas da Inglaterra, Irlanda e Escócia, em 1949:

'A primeira condição para ser admitido na Ordem

> *como membro é a fé no Ser Supremo. Condição considerada essencial e, que não admite contemporização'; 'a segunda é que a Bíblia, considerada pelos Maçons como o volume da lei sagrada, permaneça aberta na Loja'; (...)* (J.A.F. Benimeli e G. Caprile, Maçonaria e Igreja Católica – Ontem, hoje e amanhã – tradução e adaptação de Valério Alberton, 4ª ed. São Paulo: Paulus, 1998, p. 60).

Ao que tudo indica, aqueles que não aceitassem a Bíblia como "Livro da Lei" estariam aptos a queimar no fogo infernal. A Bíblia, portanto, assumiria o caráter de "Livro da Lei Universal" como condição necessária à manutenção da universalidade maçônica.

A **crença em Deus** foi outro tópico maçônico emblemático na história da Maçonaria. O Grande Oriente de França pagou caro por ter tido a audácia de substituir a exigência da "crença em Deus" pela exigência de uma "crença no Grande Arquiteto do Universo". Foi o suficiente para provocar o quadro seguinte:

> *(...) o verdadeiro grande cisma explodiu em 1877 quando o G. O. de França, seguido por mais algumas Obediências, riscou de suas Constituições o art. 1º que exigia, precisamente, a referida crença (os autores referem-se à crença em Deus e na imortalidade da alma). Foram, então, excomungados pela G.L.U. da Inglaterra e até hoje continuam excomungados, apesar das várias tentativas dos franceses para obter o levantamento desta excomunhão. (...)* (ob. cit. p. 64).

Exsurge, portanto, uma conclusão perturbadora, apesar de parcial: a história da Maçonaria é pontilhada de momentos reveladores das tensões que envolveram – e ainda envolvem – os Maçons, não a instituição Maçonaria, tensões essas que produziram sempre lamentáveis cisões.

E, repare-se, tais cisões tinham por base questões metafísicas de grande importância como, por exemplo, saber se a fórmula do "Grande Arquiteto do Universo" implodia, ou não, a concepção da "crença em Deus". Os homens, então, conseguiram a proeza de criar um campo de batalha para que muitos fossem glorificados. Nada mais, nada menos, do que o velho ego humano – maçônico ou profano, pouco importa – em ação, embora, naturalmente, encoberto pela ira santa dos reais defensores da tradição maçônica, como sói acontecer.

Como quer que seja, uma coisa parece ser certa: a sacrossanta universalidade da Maçonaria tem recebido sérios arranhões em razão das investidas nada universais dos Maçons, uma vez que pretendem viabilizar a adoção de fórmulas bem específicas.

II – Embora não se diga abertamente, provavelmente porque não é conveniente, a multifacetada realidade que cerca o exercício do poder, em todos os níveis, talvez seja a pedra de toque das ebulições maçônicas.

Com efeito, em nenhuma organização humana a cizânia se instalou por excesso de fraternidade. Pelo contrário, os dissabores são o atestado triste de que as divisões observáveis nas organizações humanas têm apenas uma razão principal, embora várias razões laterais possam comparecer a contexto: dificuldade – senão impossibilidade mesmo – de dividir o poder.

Os discursos democráticos só existem enquanto discursos, não no nível factual. Basta, para aferir-se a exatidão disso, examinar-se o universo profano da atualidade: os democratas de outrora são os sucessores de Maquiavel hoje. A história, no particular, não falha porque prova que os "déspotas esclarecidos" não foram apenas um momento da história terrena. Na verdade, eles são a história terrena porque nunca deixaram de existir.

Tem-se, portanto, que o poder configura uma realidade poliédrica, nem sempre esclarecida. Pelo contrário, às vezes tal realidade é apresentada como sendo uma manifestação divina quando, na verdade, não passa de obra humana destinada a aumentar o poder de um homem ou de uma organização qualquer. Utilize-se, como exemplo, as nebulosas "decretais" da Igreja Católica. Nicola Aslan lavrou o seguinte asserto:

> *A nossa opinião é que os Landmarques representam dentro da Maçonaria o papel que as falsas decretais desempenharam, outrora, dentro da Igreja Católica. Forneceram ao Papa uma autoridade absoluta sobre os outros Bispos, autoridade que antes não possuía.* (Landmarques e Outros Problemas Maçônicos, 2ª ed. Rio de Janeiro: Editora Aurora, s/d, p. 14).

Existe, ainda, uma confortável ambigüidade (porque a Igreja Católica não faz qualquer movimento para esclarecer a questão) envolvendo os **Sacramentos** (que teriam sido introduzidos por Jesus) e os **Sacramentais** (creditados aos membros da Igreja Católica). Sacramentais "é o nome dado aos meios adotados pela Igreja de implorar pelas bênçãos de Deus". Sucede, porém, que esses meios são obra da Igreja Católica, não do Nazareno. (Victor Hellern, O Livro das Religiões. Tradução de Isa Mara Lando, São Paulo: Companhia das Letras, 2000, p. 187.)

Em certos momentos da história, portanto, existem realidades fabricadas pelo homem mas que são apresentadas para o grande público como sendo obras de um Ser Supremo, o que lhes conferirá o caráter de dogma e, por isso mesmo, impedirá qualquer discussão encetada por simples mortais.

De dogma em dogma, de revelação em revelação, os mentores das organizações humanas, religiosas ou laicas, vão ampliando seu poder sobre a humanidade, de modo a prescreverem quase tudo que diga com a própria existência física. O que não for abençoado por esses mentores não será bom para a grande massa de fiéis. Isso pode ser traduzido de forma simples: poder exercido com mão de ferro.

A impossibilidade de divisão do poder, no campo maçônico, encontrou seu momento de materialização na criação das Obediências Maçônicas que não dizem, nem de longe, com a essência da Maçonaria.

De fato, Nicola Aslan, citando Marius Lepage, traçou a linha divisória entre aquilo que ele chamou de **Ordem** e de **Obediência**:

> *As Lojas podem existir sem Grandes Lojas ou Grandes Orientes assegurando a sua Federação. O inverso não é verdadeiro. Nem Grande Loja nem Grande Oriente pode existir sem as Oficinas denominadas 'azuis' que deles são a base. Desta forma se revela claramente a diferença entre a Ordem e a Obediência* (Grande Dicionário ... cit. p. 888/889).

As Lojas Maçônicas, sim, formam aquilo que é essencial para a vivência maçônica, uma vez que os Trabalhos Maçônicos desenvolvem-se exatamente **em Loja.** O denominado "Templo Maçônico" também não é necessário, uma vez que uma **Loja** poderá se formar em locais outros.

A Maçonaria, portanto, está nas **Lojas** enquanto realidades voltadas para propósitos maiores, não nos "Templos

Maçônicos" faraônicos que, apesar da aparência grandiosa, costumam esconder exatamente a falta da Maçonaria.

A Ordem Maçônica é representada pelas Lojas Maçônicas (insista-se: não pelos "palácios maçônicos"). Esta é sua essência. O conceito de "Obediência Maçônica" não se confunde com o conceito de "Ordem Maçônica".

III – A Obediência Maçônica surgiu como técnica de aglutinação das Lojas em torno de uma autoridade administrativa. Trata-se, efetivamente, de "jurisdição maçônica", ou seja, de um espaço onde a administração dessas Lojas (administração externa a elas, entenda-se) detém o poder de fiscalização e de produção de normas jurídico-maçônicas. A base conceitual da Obediência Maçônica, em última análise, é administrativa, não propriamente maçônica.

Por outras palavras: a Obediência Maçônica é o arcabouço Administrativo, Legislativo e Judiciário da Ordem Maçônica, mas não é, obviamente, a própria Ordem Maçônica. Daí que as mazelas encontráveis na obra dos Maçons – a Obediência Maçônica – não podem ser imputadas à Ordem Maçônica.

A Obediência Maçônica, portanto, já é o resultado direto da necessidade que muitos Maçons têm de ampliar a sua esfera de poder. Sim, porque já não era suficiente participar do poder relativo à administração interna de uma Loja mas sim estender esse poder para subjugar outras Lojas.

Essa submissão das Lojas de base foi obtida através da construção administrativa da Obediência Maçônica: ela administraria o caos formado pelas várias Lojas "azuis". O poder maçônico real migrou das Lojas para a Obediência Maçônica, o que possibilitou o aparecimento, também administrativo, do Grão-Mestre. Pronto. O círculo estava fechado: uma obra dos Maçons (a Obediência Maçônica) havia submetido a Ordem Maçônica aos seus desígnios (ou caprichos?).

Veja-se o caso brasileiro, para não haver um alongamento histórico desnecessário no momento. O lado administrativo da Maçonaria brasileira é representado, atualmente, pelo quadro seguinte:

1) *uma Federação Maçônica – Grande Oriente do Brasil;*

2) *duas Confederações Maçônicas – Grandes Lojas e Confederação Maçônica do Brasil (COMAB).*

A vaidade excessiva de muitos Maçons – além, é claro, de um excelente apetite para o exercício do poder – foi responsável pela pulverização administrativa da Ordem Maçônica.

As Obediências Maçônicas que hoje existem em solo brasileiro são uma prova irretorquível da impossibilidade de divisão do poder maçônico. Se tal divisão fosse possível, certamente não se teria essa profusão de Obediências Maçônicas. Elas surgem exatamente porque muitos Maçons não consideraram satisfatória a parcela de poder que lhe fora destinada. Deliberaram, então, criar sua própria Obediência Maçônica onde teriam, certamente, maior poder.

As várias facetas administrativas da Maçonaria (as Obediências Maçônicas) traduzem, apenas, o descompasso que existe entre a propalada universalidade da Ordem Maçônica e a enfumaçada particularidade da Obediência Maçônica.

Se as Obediências Maçônicas fossem realmente uma forma de se tentar melhorar a vivência maçônica encontrável nas Lojas, funcionando, apenas, como elemento de coordenação entre elas, não se poderia assacar contra elas inúmeros defeitos que hoje fazem da Obediência Maçônica algo cada vez mais distante da Ordem Maçônica.

Todavia, a história das Obediências Maçônicas não aponta para a linha de coordenação entre as Lojas, mas sim para a necessidade humana de expandir seu círculo de poder ou de manter os níveis de poder já consolidados.

É no seio da Obediência Maçônica – não da Maçonaria enquanto instituição – que se localiza a luta surda pelo poder, a calúnia, a maledicência e a inveja. O aparato administrativo da Ordem Maçônica é um receptáculo enorme de comportamentos não maçônicos, admitidas, sempre, as honrosas exceções.

A coisa é tão estarrecedora que, comenta-se no circuito maçônico, um Grão-Mestre Adjunto, aproveitando-se do abandono intempestivo de uma reunião por parte do Grão-Mestre, exigiu – e, pasme-se, obteve – que o Presidente da Assembléia Maçônica o empossasse como Grão-Mestre sem que se tivesse declarado a vacância do cargo de Grão-Mestre. São desvarios como esse que mostram, em toda a sua crueza, o lado patológico da Obediência Maçônica enquanto ângulo administrativo da Maçonaria.

A criação de Obediências Maçônicas é, sem dúvida, o momento mais representativo da convivência pouco maçônica dos Maçons que estão – ou desejam estar – no poder. Alguns não querem dividir esse poder enquanto outros exigem tal divisão. Como não se chega a um acordo, então os incomodados pela falta de poder lideram uma defecção e criam um novo espaço de poder maçônico: a Obediência Maçônica. Tudo, naturalmente, adornado por um discurso de absoluto respeito à Ordem Maçônica.

IV – O direito maçônico, em alguns momentos (v.g. o Regulamento Geral), prevê o respeito que a Obediência Maçônica deverá ter à autonomia das Lojas. Parece, então, que tudo está resolvido. Todavia as coisas podem não ser exatamente como parecem.

A dita "autonomia" da Loja é mais aparente que real, uma vez que até seu Regimento Interno poderá ser sumariamente desaprovado por indivíduos da Administração Superior da Obediência que, não raro, não têm conhecimento adequado. Não obstante, estão sentados nas cadeiras certas. Paciência.

Dependendo do tipo de organização adotada pela Obediência Maçônica, constata-se que a autonomia das Lojas encolhe bastante. Veja-se, por exemplo, o Grande Oriente do Brasil. Os próprios Estados-Membros Maçônicos são carentes de maior autonomia, uma vez que o poder central realmente decide aquilo que é importante para a Obediência. O dogma da autonomia, portanto, tem consagração nominal e uma tênue existência factual.

O chamado poder maçônico, na verdade, concentrou-se nos labirintos que formam a Obediência Maçônica, tendo abandonado sua fonte mais legítima: a Loja. A Obediência Maçônica, portanto, em termos de poder, é um amálgama de interesses e vaidades conflitantes que vão sendo administrados de forma precária, ou seja, de modo que cada ego desfrute do seu pedaço de poder e que brilhe na medida exata de sua necessidade. É, sem dúvida, um equilíbrio difícil de ser mantido.

Apesar do rótulo – Obediência Maçônica – a realidade administrativa da Maçonaria nada tem de maçônico. Pelo contrário, os ingredientes mundanos da raça humana fazem-se presentes, de modo que os "Maçons nominais" nela instalados são "autênticos Profanos". Logo, a Obediência Maçônica, enquanto fenômeno de poder, nada fica a dever às outras organizações humanas.

Constata-se, portanto, que a Obediência Maçônica não é essencial à Maçonaria. Poderá ser essencial para parcela significativa dos Maçons denominados de "nominais" ou, se se preferir, "Profanos de Avental", uma vez que encontram nela um excelente meio de exercitar o poder que imaginam ter direito. A essencialidade, então, é para o ego desses Maçons, não para a Ordem Maçônica.

O mais estranho, entretanto, é que segmento representativo de Maçons não percebe a diferença que existe entre Obediência Maçônica e Ordem Maçônica. Imagina-se que se trata da mesma coisa.

Esse confusionismo conceptual, por assim dizer, interessa, obviamente, àqueles que estão no poder, uma vez que ele aumenta a importância do exercício de cargos que, na verdade, são apenas realidades administrativas. Nada mais.

Olhando-se a Obediência Maçônica pelo fundo – não pela forma – é possível perceber que ela, primeiramente, transformou-se em uma estrutura que atraiu para si o poder maçônico; em um segundo momento ela foi habilmente manipulada a fim de se confundir com a própria Ordem Maçônica, em termos factuais, não relacionados com o ilusório papel.

Se o momento relacionado com a concentração do poder maçônico não rende ensejo para uma discussão séria, uma vez que não difere da patologia encontrável no exercício do poder profano, o momento de confusão entre Obediência Maçônica e Ordem Maçônica, artificialmente produzido, é mais sério porque pretende legitimar uma verdadeira **atrocidade gnoseológica**, por assim dizer.

Com efeito, se se partir da premissa de que a Ordem Maçônica – ou Maçonaria como instituição – é, por definição, universal, haver-se-á de concluir que a Obediência Maçônica, enquanto aparato administrativo da Ordem, é particular, uma vez que foi concebida por indivíduos que desejaram – e conseguiram – criar um instrumento de poder que fosse capaz de subjugar as Lojas-base que, até então, formavam a Ordem Maçônica.

A Obediência Maçônica, portanto, nasceu sob o signo da particularidade representada pela visão daqueles que a conceberam e a implantaram. Então, na própria origem, a Obediência Maçônica, por ser particular, não se afinava com o caráter universal da Maçonaria. Nascia, nesse momento, uma diferença invencível entre ambas as realidades, a saber: a Maçonaria (Ordem Maçônica) é universal enquanto sua "roupa administrativa", por assim dizer (Obediência Maçônica), é particular. A tensão entre a universalidade de uma e o particularismo de outra tem produzido, nos dias que correm, uma realidade pífia em termos propriamente maçônicos e outra realidade gloriosa em termos de egos acariciados e embalados pelos desvarios proporcionados pelo exercício do poder maçônico. O prato da balança pende, infelizmente, para o lado da Obediência Maçônica, não para o lado da Ordem Maçônica.

Cumpre dizer, por mais doloroso que isso possa ser, que a Obediência Maçônica é uma espécie de mal necessário, uma vez que os Maçons ainda não atingiram um momento comportamental capaz de fazê-los conviver, apenas na Loja-base, de forma efetivamente fraterna.

A debilidade do estofo maçônico daqueles que se dizem Maçons é tão evidente que eles necessitam desesperadamente de gurus para guiá-los em segurança até os píncaros dos Graus e das medalhas maçônicas. E onde tais gurus podem ser encontrados metidos em roupas que, pela opulência, lembram mais a figura de um imperador, a não ser nas Obediências Maçônicas?

Para desespero da Ordem Maçônica – e de um punhado de Maçons que têm consciência dessa triste realidade – a Obediência Maçônica tem um papel a cumprir para a grande maioria dos Maçons: ser um instrumento de poder a serviço de egos sedentos de trombetas bem como uma verdadeira "fábrica" de honrarias maçônicas que, naturalmente, serão destinadas àqueles que se afinarem com o grupo que estiver de plantão no poder.

Para aqueles que insistirem em se manter alinhados com a Ordem Maçônica, certamente serão concedidos os títulos amáveis de "encrenqueiros" e de "criadores de caso". Se se admitir uma paráfrase do pensamento de KARDEC (fora da caridade não há salvação), dir-se-á: fora da Obediência Maçônica não há salvação maçônica.

Os caminhos estão à disposição dos interessados:

- o caminho representado pela Obediência Maçônica é tranqüilo e conduz ao **olimpo maçônico** (obtenção de Graus e de cargos);
- o caminho da Ordem Maçônica é difícil porque requer estudo e independência, em todos os aspectos. Normalmente leva ao **inferno maçônico** porque não se afina, nem de longe, com a realidade da Obediência Maçônica. Afinal, pensar – e explicitar o que é pensado, sem vassalagem – é a coisa mais perigosa que o homem pode fazer.

Qual deles deverá ser escolhido? Antes de decidir, é conveniente examinar o Avental de Aprendiz. Se ele ainda se conservar branco (em termos de caráter, de ética e de moral), então a resposta terá sido oferecida. Entretanto, se ele tiver perdido a brancura (porque ficou sujo pela falta de caráter, pela falta de ética, pela imoralidade ou pela amoralidade), a resposta terá sido igualmente oferecida.

Cada um deverá seguir o caminho que melhor lhe aprouver. Enquanto tais caminhos são palmilhados, talvez se possa torcer para a Ordem Maçônica não sucumbir ante a falta de Maçons – em sentido real, não nominal – na medida em que o brilho fácil das honrarias exerce um poderoso fascínio sobre os egos desvairados.

Mas, em algum lugar do planeta, certamente um Maçom digno deste nome estará cantando a música "My Way": "eu fiz meu caminho; talvez não seja o melhor caminho, mas eu o fiz do meu jeito ...". E a Ordem Maçônica – seguramente não a Obediência Maçônica – se pudesse falar, talvez dissesse para esse Maçom: "meus princípios acompanharam-te durante a vida física e acompanhar-te-ão na vida metafísica porque és, realmente, Maçom".

Se a Obediência Maçônica é um mal necessário para muitos Maçons – e um feudo administrado com mão de ferro, para outros – a Ordem Maçônica é o norte que todo Maçom real – em oposição ao Maçom nominal – deve seguir.

Na hipótese de colisão entre ambas, abandone-se a obra dos homens sedentos de poder – a Obediência Maçônica – e fique-se com a universalidade da Ordem Maçônica que, obviamente, não foi tecida com as particularidades mesquinhas dos adoradores do poder, maçônico e profano.

Lembre-se: a Obediência Maçônica é uma coisa e a Ordem Maçônica (ou Maçonaria enquanto instituição) é outra coisa. Ou em formulação lingüística encontrável nas "alterosas": "uma coisa é uma coisa; outra coisa é outra coisa".

V – Lista-se, à guisa de conclusão, as seguintes proposições:

> ***a)*** *a história da Maçonaria contém, com freqüência, momentos de tensão entre os Maçons, tensões essas que, muitas vezes, produziram cisões;*
>
> ***b)*** *a base da Ordem Maçônica é fornecida pelas Lojas ditas "azuis";*
>
> ***c)*** *a Obediência Maçônica é o arcabouço*

Administrativo, Legislativo e Judicial da Ordem Maçônica;

d) *a luta pelo poder maçônico localiza-se na Obediência Maçônica, não na Ordem Maçônica;*

e) *a Obediência Maçônica, infelizmente, ainda é um mal necessário para muitos Maçons;*

f) *se houver colisão entre a Obediência Maçônica e a Ordem Maçônica, esta deverá prevalecer em detrimento daquela;*

g) *a Obediência Maçônica não se confunde com a Ordem Maçônica.*

O Leviatã Maçônico

Lê-se em Decreto Maçônico integrante do sistema normativo de determinada Obediência Maçônica que:

> *É facultado às nossas Lojas recusar a visita de Maçons que, por razões diversas, lhe seja indesejável, ou* ***persona non grata,*** *apesar de regular e ativo em nossa e em Obediências com as quais mantemos relações regulares, já que o direito de visita não é absoluto, mas mera regra de cortesia, não constituindo "Landmark", ainda mais considerando-se que a chamada relação ou classificação de Albert Gallatin Mackey não integra nossa Constituição. O próprio Mackey, em seu décimo quarto "Landmark" reconhece que "o direito pode, naturalmente, ser reduzido ou cassado em ocasiões especiais por várias circunstâncias".*

A Constituição dessa Obediência Maçônica, de seu turno, estabelece, relativamente à órbita competencial do Grão-Mestre, que a ele compete:

Administrar ... *(A Obediência Maçônica),* exigindo dos Maçons e das Lojas o exato cumprimento desta Constituição, das leis e das decisões dos poderes da jurisdição, bem como a fiel observância dos "Landmarks".

I – A primeira censura que pode ser feita ao Decreto

Maçônico em tela é que ele poderá ser tudo, menos Decreto. Com efeito, o redator desse pretenso ato normativo-maçônico nunca deve ter ouvido falar de algo que o mundo profano chama de "técnica legislativa", uma vez que se tivesse tal conhecimento não cometeria dois erros crassos.

O erro primeiro materializa-se na linguagem, deveras criticável, empregada: a linguagem, em um ato normativo ou em uma lei, é forçosamente impessoal, não como aquela utilizada pelo redator (ex.: "nossas Lojas"). Aqui, com propriedade, dir-se-ia: "as Lojas pertencentes ..." (declinar-se-ia a Obediência Maçônica). Afinal, um ato normativo não é uma peça atécnica, como uma receita de bolo.

O segundo erro – muito mais grave que o anterior – é representado pela grosseria intelectual de se transformar um Decreto em veículo de discussão sobre a correção, ou incorreção, da classificação de Mackey. O tema, evidentemente, pode e deve ser discutido em local próprio, mas não no corpo de um Decreto.

Mesmo que se apele – em desespero de causa – para a realidade normativa profana conhecida como "definições legais" ou "conceitos normativos", como queiram, ainda assim ela não será hábil para forrar uma discussão despropositada encontrável no texto de um Decreto.

Os dois aspectos apontados já são suficientes para permitir uma conclusão inicial: seria de bom tom que muitas Obediências Maçônicas contratassem redatores de leis e atos normativos maçônicos que tivessem, pelo menos, conhecimento do vernáculo, preparo jurídico e conhecimento real de "técnica legislativa". Talvez assim, quem sabe, o combalido direito maçônico não fosse continuamente insultado pelas "barbáries jurídicas" produzidas em gabinetes que – pasmem – se pretendem de boa cepa intelectual.

II – A catalogação dos Landmarks feita por Mackey não escapa à crítica, certamente. Não são poucos os escritores maçônicos que enxergam nela uma indiscutível arbitrariedade. Apesar disso tal catalogação ainda é aceita por certas Obediências Maçônicas. Todavia, convém que se deixe claro que Albert Pike, por exemplo, afirmou que os Landmarks poderiam ser reduzidos a cinco:

> 1 – *A necessidade dos Maçons se distribuírem em Lojas.*
> 2 – *O Governo de cada Loja por um Venerável e dois Vigilantes.*
> 3 – *Todos devem crer no Grande Arquiteto do Universo e numa vida futura.*
> 4 – *O trabalho secreto da Loja.*
> 5 – *Que os segredos da Maçonaria não devem ser divulgados.*
> (Nicola Aslan, Landmarques e Outros Problemas Maçônicos, 2ª ed. Rio de Janeiro: Editora Aurora, p. 30).

Em um nível aceitável de discussão, pode-se dizer que o denominado "direito de visita" realmente não pode ser considerado como Landmark, uma vez que seria difícil predicar a ele o requisito da imemorialidade, a menos, é claro, que a catalogação de Mackey seja aceita. Significa, portanto, que o assunto, no plano especulativo, rende espaço para posições outras, sem que se possa enxergar, como pensam alguns, direções teóricas "certas" ou "erradas", uma vez que o mister científico, de qualquer quadrante do conhecimento humano, não é balizado por aportes "certos" ou "errados".

Conseqüência: o "direito de visita" será, ou não, um Landmark dependendo da classificação que servir de base a uma eventual discussão.

Suponha-se, entretanto, que se trabalhe com a classificação de Mackey. Ter-se-á, então, de aceitar o "direito de visita" como Landmark.

Sucede, porém, que mesmo que o "direito de visita" seja havido como tal, ele não se corre de uma bimembridade conceptual, por assim dizer: "direito de visita" em sentido amplo (Landmark) e "direito de visita" em sentido estrito (pertencente ao direito maçônico de determinada Obediência).

O "direito de visita" amplo, enquanto Landmark, obviamente não pode sofrer qualquer condicionamento no que diz com seu exercício, uma vez que tal limitação agrediria o caráter universal da Maçonaria na medida em que a retórica fraternidade maçônica não seria conceitualmente viável se os Maçons não pudessem visitar-se mutuamente. Segue-se, por conseqüência, que o Landmark "direito de visita" não é susceptível de qualquer compreensão limitadora de sua universalidade, salvo se se pretender amesquinhar a instituição Maçonaria que, por definição, é universal.

Não obstante, o "direito de visita" enquanto realidade normativa produzida por uma Obediência Maçônica presta-se, relativamente ao exercício desse direito, a certas regulações como, por exemplo, a apresentação da identidade maçônica, o telhamento e o conhecimento da palavra semestral. Até aí nada de novo debaixo do "sol maçônico".

Sim, porque a locução "direito de visita", em ângulo técnico, significa exatamente uma delimitação normativa da realidade "visita". Por outras palavras: não se limita o "direito de visita", como afirmado pela vulgata, pela singela razão de que o vocábulo "direito", conectado a um dado factual, designa um corte nessa factualidade para regulá-la juridicamente. Logo, o que é susceptível de limitação é a realidade normatizada, não o direito em si mesmo considerado.

Condiciona-se, na verdade, o exercício do direito, o que é coisa bem diferente.

Portanto, no nível do direito maçônico o Landmark "direito de visita" poderá ter seu exercício condicionado ao preenchimento de certos requisitos jurídico-maçônicos, o que certamente não repugnará a consciência jurídica de ninguém. A questão de fundo, entretanto, não é essa mas sim determinar-se a legitimidade de certos requisitos legais ligados ao exercício do "direito de visita".

As duas idéias centrais encontráveis no Decreto Maçônico aludido anteriormente são: "Maçom indesejável" e "Maçom *persona non grata*".

Permite-se à Loja, no capítulo da expedição de *quitte-placet ex officio*, trabalhar com a idéia de "Maçom inconveniente", idéia essa que não pode ser transformada em canal por onde perseguições pessoais tenham curso livre, para deleite de alguém ou do grupelho que não simpatiza com a cultura e com a indiscutível superioridade moral de determinado membro da Loja. Isso é "odiossincrasia", não "inconveniência maçônica". Repare-se, entretanto, que isto diz com o relacionamento de uma Loja com um Obreiro seu.

Causa espécie que um Maçom regular e ativo de uma Obediência Maçônica possa ser considerado, por uma Loja dessa Obediência, como "indesejável" ou "*persona non grata*". E a fraternidade maçônica, para onde irá? Como um Maçom regular e ativo poderá ser "indesejável" ou "*persona non grata*" para uma Loja mas não para a própria Obediência Maçônica?

Uma explicação inaceitável talvez possa ser esgrimida por algum "Maçom nominal" entronizado nas várias Obediências Maçônicas: isso é possível para se preservar a autonomia das Lojas. É dizer: cada Loja é autônoma para considerar um Maçom regular ativo, da mesma Obediência Maçônica, como "indesejável" e como *"persona non grata"*.

Ora, se a Obediência Maçônica é o somatório das Lojas, como será possível estabelecer-se um padrão de "indesejável" e de *"persona non grata"* para as Lojas e talvez outro para a Obediência? Será que se está a aplicar a teoria de que "uma coisa é uma coisa; outra coisa é outra coisa?".

Recusar-se ingresso em um Templo Maçônico a um Maçom regular e ativo, tachando-o de "indesejável" ou de *"persona non grata"* no âmbito da mesma Obediência Maçônica, é uma das maiores atrocidades que se cometerá contra o princípio maçônico maior da fraternidade.

A tentativa de se tentar impedir o exercício do "direito de visita" com base nos rótulos de "indesejável" e de *"persona non grata"* não é apenas flagrantemente inconstitucional, por colisão com o princípio da fraternidade, senão que deita suas raízes na insensibilidade moral.

Não se pode permitir que o Direito Maçônico continue servindo de instrumento para sandices desse naipe. Não é possível que não se queira ver a motivação subalterna de uma fórmula maquiavélica como essa.

Talvez algum indivíduo adornado com os paramentos de Venerável – quiçá no exercício ilegal, porque concomitante com o de Venerável, de outro cargo maçônico – ensandecido por uma insuficiência intelectual pública e notória, com o minúsculo cérebro anestesiado por doses cavalares de ódio que carrega dentro de si, tenha sido ouvido por ocasião da confecção desse autêntico "Leviatã Maçônico".

Como quer que seja, esse tipo de requisito normativo atinente ao exercício do "direito de visita" maçônico é inconstitucional por conflitar abertamente com o princípio da fraternidade e com outros princípios encontráveis nas Constituições Maçônicas. Fora do âmbito do Direito

Maçônico em senso estrito, também se poderá acoimar tal regulação de ilegítima, uma vez que não se coaduna com o relacionamento desejável entre Maçons.

Infere-se, portanto, que a regulação jurídico-maçônica do exercício do "direito de visita" não é carente de limites constitucionais e de limites maçônicos propriamente ditos.

Reconhece-se, sem dúvida, o direito de a Obediência Maçônica dispor sobre os requisitos que entende viáveis ao exercício do "direito de visita". Mas não se concede a ela o poder jurídico de fazer isso desrespeitando os grandes princípios constitucionias maçônicos, explícita ou implicitamente.

"Indesejável" e *"persona non grata"* são realidades estapafúrdias do ponto de vista maçônico, principalmente se se atentar para o inacreditável fato de que estarão atreladas à condição de Maçom regular e ativo, Maçom esse pertencente à mesma Obediência da Loja. No lugar da fraternidade maçônica surgirá o "fratricídio maçônico" institucionalizado através de um Decreto.

Maçons ilustres serão desrespeitados em Templos Maçônicos por indivíduos obscuros, vestidos de preto, apenas por não sintonizarem comportamentalmente com os "eunucos morais" que se encastelaram na direção de várias Lojas. Volver-se-á, seguramente, à categoria histórica proposta por HOBBES: "o estado de natureza".

Experimentar-se-á, por conseqüência, o equivalente maçônico da construção de HOBBES (o homem é o lobo do homem), de modo que o "Maçom nominal" passará a ser o lobo do "Maçom real" com espeque na espúria categoria normativa do Maçom "indesejável" ou do Maçom *"persona non grata"*. Reinará, sem dúvida, a "barbárie maçônica" em autêntica reedição, para consumo maçônico, do terrível fato histórico chamado de "Inquisição". Indivíduos despudorados, porém no exercício de cargos maçônicos, caçarão implacavelmente os "bruxos maçônicos" para queimá-los na santa fogueira redentora da Inquisição Católica.

Não há dúvida de que o manuseio normativo da fórmula "Maçom indesejável" e "Maçom *persona non grata*" reflete algo que não se espera encontrar no sistema normativo-maçônico. É um verdadeiro descalabro. Por isso mesmo deverá ser sepultado, com todas as honras cabíveis, porque morrerá inexoravelmente de uma doença que não tem cura: inconstitucionalidade flagrante.

Há ainda uma outra conseqüência que advém desse caótico estado normativo: a possibilidade jurídica de se responsabilizar aquele que se mostra como autor de um Decreto inconstitucional por colidir abertamente com um Landmark.

Com efeito, se um indivíduo, no exercício de um cargo maçônico, tem por missão exigir a fiel observância dos Landmarks, não se poderá compreender como ele, via Decreto, agredirá sem cerimônia um Landmark. Evidentemente que essa responsabilização não se mostrará exeqüível se a Obediência Maçônica recusa formalmente o caráter de Landmark ao "direito de visita". Aqui pode-se apenas lamentar a sandice, declarando sua inconstitucionalidade através do Tribunal de Justiça Maçônico, mas não responsabilizar o Chefe do Executivo Maçônico por agressão aos Landmarks.

III – Cumpre, entretanto, cuidar de outra vertente do "direito de visita". Admita-se, então, que ele não é um Landmark, com o que se afasta a classificação de Mackey, mas apenas – como disse o autor do Decreto Maçônico em exame – "mera regra de cortesia". Na verdade, a idéia do "direito de visita" como regra de cortesia encontra qualificação jurídica mais aceitável à luz da teoria do "costume jurídico-maçônico", que é fonte do Direito Maçônico. Considerar-se-á, então, que o "direito de visita" é um costume maçônico e como tal poderá ser regulamentado livremente, no que diz com o seu exercício, pelas Obediências Maçônicas. Ainda aqui as coisas não são exatamente como parecem ser.

De fato, nenhum ato normativo-maçônico (um Decreto, por exemplo), a pretexto de disciplinar o exercício do "direito de visita", poderá atropelar o grande norte maçônico fornecido pelo trinômio Liberdade, Igualdade e Fraternidade bem como pelo respeito às convicções de cada um.

Mesmo que o "direito de visita" não tenha o status maçônico de Landmark, que seja caracterizado como "costume maçônico", ele não poderá ser amesquinhado por concepções totalitárias como as do "Maçom indesejável" e do "Maçom *persona non grata*".

Recursos como esses apenas desmoralizam, ainda mais, o relacionamento maçônico da atualidade, pautado por ações moralmente discutíveis, por projetos grandiloqüentes que nunca saíram do papel e pela verve irresponsável de muitos. Trata-se, em última análise, de um produto maçonicamente teratológico, representativo do estágio atual da concretude maçônica.

O nível jurídico do costume maçônico também não se harmoniza com os rótulos "Maçom indesejável" e "Maçom *persona non grata*", seja no âmbito de uma mesma Obediência Maçônica ou de Obediências Maçônicas distintas. Simplesmente a Maçonaria não poderá conviver com tais adereços normativos conectados ao Maçom regular e ativo. É uma atitude-limite, digna de alguns ditadores desesperados ante a queda iminente, como mostra a História. Veja-se, a título ilustrativo, a agonia da monarquia francesa na época em que a burguesia ascendeu ao poder em solo francês.

Não se pode pisotear impunemente toda uma tradição

maçônica de visitação às Lojas por Maçons regulares e ativos. O costume jurídico-maçônico que sustenta o denominado "direito de visita" não poderá ser insultado dessa forma.

A declaração de inconstitucionalidade das figuras fantasmagóricas do "Maçom indesejável" e do "Maçom *persona non grata*" é perfeitamente viável à luz do "direito de visita" como costume jurídico-maçônico. Sim, porque um costume maçônico como esse está umbilicalmente ligado ao trinômio Liberdade, Igualdade e Fraternidade que tem estatura constitucional. Sendo assim, tudo que o contrariar será inconstitucional.

As limitações aceitáveis ao exercício do "direito de visita" continuarão a ser aquelas conhecidas de todos: necessidade de o Maçom ser regular e ativo; que porte sua cédula de identidade maçônica; que conheça a palavra semestral (ou a esotérica "palavra de convivência", se for o caso); que seja reconhecido como tal através do telhamento e outras que se afinarem com essa filosofia. Manter-se-á, então, o indeclinável respeito ao trinômio aludido anteriormente.

A criação jurídica do "Maçom indesejável" e do "Maçom *persona non grata*", com o fito de criar embaraço ao exercício do "direito de visita" pelo Maçom regular e ativo, deve ser relegada ao "Museu dos Horrores Maçônicos" como modo único de a comunidade maçônica fazer uma "catarse cultural", por assim dizer.

IV – Pode-se sumariar, a título de conclusão desse trabalho, os seguintes pontos:

> ***1*** – *A fórmula do "Maçom indesejável" e do "Maçom* **persona non grata***", veiculada por Decreto Maçônico de determinada Obediência, é incompatível com o exercício do "direito de*

visita", seja tal direito considerado como Landmark ou como costume jurídico-maçônico;

2 – *Referida fórmula é inconstitucional porque agride o trinômio da Liberdade, da Igualdade e da Fraternidade que tem* **status** *constitucional;*

3 – *Se se considerar o "direito de visita" como Landmark, essa criação jurídica absurda do "Maçom indesejável" e do "Maçom* **persona non grata**" *permitirá a responsabilização jurídica do autor do Decreto por agressão a um Landmark, perpetrada no plano normativo;*

4 – *O "Maçom indesejável" e o "Maçom* **persona non grata**" *talvez materializem os últimos estertores de um totalitarismo jurídico-maçônico que já deveria ter sido banido da Maçonaria há muito tempo.*

Sobre o Alpinismo Maçônico

A História profana tem momentos singulares materializadores da flexibilidade axiológica humana, por assim dizer. Tome-se, a título de exemplo, a atuação de Francisco Campos, em determinado momento histórico, e a ascensão funcional de alguns indivíduos.

Segundo se comenta, Francisco Campos (chamado também de "Chico ciência" por causa de sua cultura) foi o autor de determinada Constituição (?) em instante histórico dominado pelo extremismo ideológico (o Golpe de Estado que, por eufemismo, foi apelidado de Revolução), tendo sido remunerado por tal mister. Dizem que ao ser indagado sobre o caráter autoritário de tal Constituição, respondeu: "é autoritária sim, mas pagaram-me para fazê-la".

A entronização de indivíduos em certos cargos que, para muitos, são tidos como importantes é outro momento patológico assaz interessante, uma vez que a vaidade "amordaça" os freios morais, de modo que a filosofia conhecida como "os fins justificam os meios" torna-se um modo de vida. O importante, então, será chegar aos píncaros da glória, mesmo que o patrimônio moral e ético tenha sido completamente dilapidado em tal empreitada.

Não é de hoje, portanto, que os homens locam seus talentos, reais ou fabricados artificialmente, recebendo pagamento em dinheiro, na forma de favores, honrarias ou sendo aquinhoados com o cargo cobiçado. O que importa sublinhar, todavia, é que tudo se resume a receber uma contraprestação qualquer, podendo, evidentemente, assumir qualquer uma das formas patológicas conhecidas.

Aliás, uma realidade sociológica da atualidade talvez sirva para ilustrar mais ainda esse quadro: o denominado "alpinismo social", ou seja, o procedimento espúrio consistente em pessoas da base da pirâmide social, através de métodos escusos, subirem para o meio ou para o ápice dessa pirâmide.

Não obstante, o "alpinismo social" originário tem uma dimensão conceitual muito estreita. Urge alargá-la para introduzir-se um material igualmente atraente: a feitura de serviços poucos dignos como forma de ascender em determinado contexto humano.

Voltemos aos exemplos anteriores. Quando um indivíduo de certo talento intelectual aceita a incumbência de produzir um anteprojeto constitucional autoritário, certamente que ele não o faz apenas pelo dinheiro. Ao lado desse ângulo existe o desejo, confessado ou não, de ser considerado importante, e portanto obter poder, por aqueles que o distinguiram com tal tarefa.

A mesma coisa pode ser dita daqueles que fazem aquilo que é jocosamente chamado de "trabalho sujo", isto é, aqueles cometimentos que os detentores do poder não querem fazer pessoalmente. Utilizam-se, então, de indivíduos que não medem esforços para agradar aos poderosos e receber uma nomeação para exercer um cargo importante na estrutura do Estado. Aqui talvez se possa recorrer ao cinismo de VOLTAIRE para construir a frase seguinte: "o sucesso redime". Por outras palavras: se o objetivo foi alcançado, a falta de caráter é esquecida para dar lugar a mais um "grande homem", recém-saído do charco da imoralidade, porém purificado pelo "santo fogo da burocracia estatal". É o método humano de produzir "homens" a partir de "vermes bípedes". Genética interessante, sem dúvida.

O mundo profano, portanto, é formado por relações ambíguas que, em determinado momento, poderão assumir contornos definidos, tudo a depender do sucesso, ou insucesso, de algum – ou alguns – projeto pessoal. Todavia, será que essa realidade pouco lisonjeira pertence apenas ao espaço sociológico profano? Certamente não, uma vez que o contexto maçônico, infelizmente, foi contaminado pelo "alpinismo social", o que possibilitou o aparecimento do "alpinismo maçônico".

I – Apesar de os romanos já terem advertido sobre os riscos das definições (toda definição é perigosa, diziam eles), não se poderá evitar a construção de um conceito, ainda que em dimensão estipulativa, do "alpinismo maçônico".

Entender-se-á, de modo estipulativo, por "alpinismo maçônico" todo procedimento que tenha como objetivo gerar a ascensão maçônica, através da obtenção de cargos ou Graus, tendo por moeda de troca a feitura de favores (em sentido lato) para os detentores do poder, com abstração da moral e da ética. Desdobremos os termos do conceito proposto.

1 – O "alpinismo maçônico" é um método condenável posto à disposição dos "Maçons nominais", uma vez que os "Maçons reais" não o admitem dentro da Maçonaria, que tem produzido péssimos frutos: carreiras maçônicas (prestígio, apenas por fidelidade à terminologia patológica que se instalou em parte expressiva da Maçonaria, a nomenclatura corrente. Por exemplo: fala-se em "fazer carreira" na Maçonaria) sustentadas pelo "peleguismo" e pela amoralidade dos participantes do escabroso procedimento.

O objetivo do "alpinista maçônico" é apenas um: tornar-se "importante" dentro da estrutura maçônica, mesmo que essa "importância" exista apenas em sua imaginação. Portanto, o "alpinista maçônico" luta desesperadamente para ascender maçonicamente (entenda-se: obter cargos, Graus e honrarias maçônicas), não para melhorar-se como ser humano (o retórico "desbastar da pedra bruta").

Se se refletir seriamente sobre esse aspecto, não será difícil perceber-se a razão de as Obediências Maçônicas (não a instituição Maçonaria), pelo menos como regra, não terem um número expressivo de "Maçons reais". A explicação, obviamente, é simples: tais Maçons não "descerão para subir", ou seja, não aniquilarão seu patrimônio moral para vivenciar a mediocridade da obtenção de cargos e de Graus por razões subalternas, que não poderão ser reveladas em sua inteireza. Conseqüência: as meias-verdades passam a ter um papel fundamental, uma vez que elas terão de veicular fatos que a verdade não poderá fazê-lo. Campeia, sem dúvida, a dissimulação, a mentira, as frases de efeito, os gestos estudados e outros ingredientes pertencentes ao "alpinismo maçônico".

2 – Os detentores do poder sabem que existe uma legião de "Maçons nominais" ávidos para iniciar a subida da "escada de Jacó" em sentido patológico: exercer, o mais rápido possível, os cargos da Obediência Maçônica para, quem sabe, tornar-se "mestre estrelado" ou "comandante em chefe" da estrutura administrativa da Maçonaria (Venerável e Grão-Mestre, respectivamente).

Tendo tal conhecimento, eles jogam com a pequenez humana, em razão da elefantíase do ego, e estimulam os "Maçons nominais" a cometerem os mais variados desatinos. Pronto, o círculo está fechado: porão os "Maçons nominais" a seu serviço (não a serviço da Obediência Maçônica enquanto realidade administrativa) e, de vez em quando, darão a eles a "justa recompensa", isto é, os cargos e os Graus que tanto almejam.

O mais engraçado, no caso dos cargos e dos Graus Maçônicos, é que, como regra, os cargos são exercidos por "Maçons nominais" enquanto os Graus, de preferência o Grau 33, são conferidos a indivíduos nem sempre portadores de bom nível intelectual. Talvez aí resida uma explicação para o empobrecimento vertiginoso do real conhecimento atinente a cada Grau. Se um Grau 33 não sabe marchar como Aprendiz (não se espantem, infelizmente isto é a regra em muitos lugares desse País), o que saberá ele? Certamente será pós-graduado em "alpinismo maçônico".

A moral e a ética são pisoteadas impiedosamente. Afinal, elas devem ser esquecidas se se quiser fazer a tal "carreira maçônica". Os que insistem na valia delas são afastados sumariamente sob o argumento de que são "criadores de caso". Defender a moral e a ética, portanto, não é tarefa recomendável para o "alpinista maçônico". Deixe-se isto para os tolos "Maçons reais" que ainda lutam por coisas sem importância à luz das lentes nada respeitáveis dos "Maçons nominais".

II – O "alpinismo maçônico" pode ser encontrado nos mais diversos segmentos da vida maçônica, inclusive usando disfarces como, por exemplo, um contrato de trabalho. Formalmente o indivíduo é empregado da Obediência Maçônica. Substancialmente, porém, é um "alpinista maçônico" que deseja ardentemente ser havido como "importante" dentro da "importante" máquina administrativa maçônica. Coisa de "Maçom nominal", sem dúvida.

Vejamos agora alguns momentos representativos do "alpinismo maçônico":

3 – Determinadas Obediências Maçônicas consagram a figura administrativa do "Delegado Maçônico", ou seja, de um Maçom que goza da confiança do Grão-Mestre e, por isso mesmo, é escolhido para exercer o cargo referido. Repare-se em um detalhe técnico: trata-se de cargo em que seu ocupante é exonerável *ad nutum* (pela vontade daquele que faz a nomeação).

Um cargo como o de "Delegado Maçônico", pelas peculiaridades nele encontráveis, não pode ser exercido cumulativamente com outros cargos, principalmente os de Secretário de Loja e de Venerável.

Em determinado lugar do País, um candidato ao cargo de Venerável, no dia da eleição, leu uma prancha dirigida por ele ao Grão-Mestre onde pedia exoneração do cargo de "Delegado Maçônico" porque, segundo ele, "a ética deveria prevalecer sobre a lei". Uma vez eleito Venerável, após sua posse, comenta-se, sem muita cerimônia, que o "defensor da ética" não sentiu escrúpulo algum em assumir novamente o cargo de "Delegado Maçônico". Consta que exerce os dois cargos em indiscutível "harmonia ética".

Esclarecimento necessário: esse "Maçom nominal", antes do episódio relatado, exercia tranqüilamente os cargos de Secretário de Loja e de "Delegado Maçônico". Alguns diziam que nunca se sabia quando ele atuava como Secretário ou como "Delegado Maçônico". Havia, ao que parece, uma confortável indefinição no que diz com os aspectos protocolares desses cargos.

O "alpinismo maçônico", aqui, reside no fato desse "Maçom nominal" ter sido autor – material ou intelectual – de ações que só tinham um objetivo: criar uma esfera de poder, eticamente asséptica, capaz de lhe garantir uma "importância" que nunca teve – e nunca terá – no mundo profano por absoluta falta dos atributos necessários.

Por outras palavras: queria "subir" e, para isso, não hesitou em "descer". "Subiu" efetivamente, mesmo que à custa de atos tresloucados como, por exemplo, assumir um cargo sem que a Assembléia tivesse declarado a vacância dele, o que renderia uma honraria na categoria "ad vitam"; perseguir Maçons que apresentem indiscutível forro intelectual e moral, uma vez que isto parece incomodar imensamente o "ignorante *ad vitam*"; exercer, de modo concomitante, os cargos de Secretário de Loja e de "Delegado Maçônico", de Venerável e de "Delegado Maçônico".

Eis um dos lados eminentes, por assim dizer, do "alpinista maçônico": obter poder maçônico a qualquer preço. O relevante, para ele, é a posição que terá no "círculo da maledicência e da maldade". O resto é literatura barata, de quinta categoria.

E de "futrica" em "futrica", de maldade em maldade, esse "alpinista maçônico" vai batendo Malhete, naturalmente com ar grave, como convém a um "Maçom nominal", e vai apontando seu "dedo ético" para os demais que, a seu juízo, merecem corrigendas morais. O "circo *ad vitam*", então, sobreviverá pelas mãos do nunca assaz louvado "alpinista maçônico *ad vitam*". Amém, dirá um piedoso. Os seguidores do "Grande Irmão" (vide George Orwel, 1984) certamente baterão os pés no chão de forma furiosa. Que seja. Para eles, a técnica do toureiro: **olé**.

4 – Outras vezes o "alpinismo maçônico" vê-se a braços com uma impensável parceria: o "alpinismo social". Quer-se dizer: o "alpinista maçônico" o é para, reflexamente, tornar-se "alpinista social".

Aceite-se o seguinte exemplo hipotético: um Profano torna-se Maçom com o desejo de, via Maçonaria, ascender socialmente. Constata, uma vez Iniciado, que só a Iniciação não é suficiente para alcançar sua meta. Torna-se imperioso exercer cargos maçônicos importantes e obter os Graus "mais altos". Lança-se, então, em uma subida inconseqüente, porque infensa a um piso moral e ético, à cata do que precisa.

Transforma-se, ainda que não o saiba, em um "alpinista maçônico" para, ao depois, ser um "alpinista social".

Quantos "Maçons nominais" tidos por eminentes são apenas "alpinistas maçônicos" e, o que é pior, "estagiários de alpinistas sociais" na medida em que o "alpinismo maçônico" é apenas um trampolim para o "alpinismo social".

Seria bom se o exemplo apontado fosse apenas cerebrino. A factualidade maçônica, contudo, provará que ele existe a mancheias em grande número de Lojas. A Maçonaria abriga o "alpinista maçônico" que deseja, no fundo, ser "alpinista social".

5 – O "alpinismo maçônico" também poderá ser praticado por alguém que se esconde atrás de um contrato de trabalho. De fato, atendidas as normas maçônicas pertinentes, permite-se que a Obediência Maçônica possa contratar Maçons para seus quadros administrativos.

O problema não surge com a contratação em si mesma considerada, senão que com as pessoas que poderão ser contratadas. Enquanto uns prestam um trabalho sério, outros praticando o "alpinismo maçônico", prestam-se a toda sorte de desatinos, o que deixa claro o verdadeiro trabalho que prestam.

O exemplo de Francisco Campos pode ser trazido à colação. Existem Maçons-empregados que redigem o que lhes é ordenado: atos jurídico-maçônicos espúrios, destinados a manter o equilíbrio precário de mandatos "estendidos" ilicitamente. A "redação oficial", por assim dizer, é da alçada exclusiva do "alpinista maçônico" empregado da "Obediência Maçônica".

Esse "alpinista maçônico" funciona, ainda, como verdadeiro "censor" e como "garante" de certas atrocidades maçônicas. A censura é exercida no momento em que um "Maçom real", de reconhecido estofo moral, tenta, por exemplo, fazer uma assinatura da publicação que veicula o Direito

Maçônico de determinada Obediência. Não logra êxito porque o "alpinista maçônico", orientado por outro "alpinista maçônico" que tem o dom da "ubiqüidade administrativa", uma vez que exerce, ao mesmo tempo, dois cargos maçônicos não acumuláveis, veta a pretensão do "Maçom real". Qual a explicação para isso? Provavelmente o medo de o "Maçom real" ter acesso direto, sem os "cortes feitos em Loja", às sandices jurídico-maçônicas que costumam sair de sua pena.

O "garante" surge para dar seguimento, com aparência de correção, a uma ilegalidade gritante: posse de um Maçom que não foi eleito Venerável porque em sua pseudo-eleição votaram Maçons que também votaram em outras Lojas. Nada disso, entretanto, foi considerado importante, uma vez que a "confraria dos alpinistas maçônicos" garantiu a posse daquele que não foi, com lisura jurídico-maçônica, eleito Venerável.

O **alpinista-empregado**, não raro, poderá encarnar a figura de "Conselheiro-mor em assuntos administrativos". Basta que ele seja nomeado Grande Secretário para começar a utilizar o Boletim Administrativo da Obediência como veículo oficial de suas "preleções".

O campo dessas "preleções", naturalmente, é elástico o suficiente para que o "Conselheiro-mor" possa dar azo a seus "talentos". Veja-se, por hipótese, uma "preleção fraternal" do teor seguinte: "a maneira mais rápida de se livrar de um Obreiro é através da inadimplência ou da não freqüência". Será que Maquiavel faria melhor?

O **alpinista-empregado**, portanto, poderá assumir uma – ou todas – dessas facetas apontadas: Redator de simulacros de atos jurídico-maçônicos; Censor; Garante e "Conselheiro-Mor". Fará tal trabalho não apenas pela contraprestação econômica que receberá mas também – e talvez principalmente – pelo desejo de ocupar uma posição de poder dentro da Obediência Maçônica, de ter seu "remanso maçônico" para reinar.

Utiliza-se, à socapa ou explicitamente, da relação de emprego para amealhar poder maçônico, com o que, seguramente, fará "carreira maçônica". Dir-se-á de forma condensada: a relação de emprego possibilita o "alpinismo maçônico".

6 – O "alpinismo maçônico" presta-se, igualmente, para outra parceria com o "alpinismo social": servir como instrumento de consolidação de determinada posição profana obtida via "alpinismo social".

Não se confunda essa simbiose entre o "alpinismo maçônico" e o "alpinismo social" com aquela que foi exposta no subitem quatro desse trabalho, uma vez que são diferentes. A primeira simbiose pode ser assim resumida: o "Maçom nominal" se torna "alpinista maçônico" para depois ser "alpinista social". A segunda forma de simbiose pode ser condensada do modo seguinte: o "alpinista social" pratica o "alpinismo maçônico" como forma de consolidar, no mundo profano e maçônico, a posição obtida em razão do "alpinismo social".

Utilize-se mais um exemplo hipotético: um jovem de classe social baixa casa com a filha do dono de uma empresa, de quem era empregado subalterno. O sogro e os cunhados, obviamente, entendem que é necessário promover a ascensão profissional do novo membro da família, por "imperativos sociais", por assim dizer.

Após a convolação de núpcias, o jovem é Iniciado em uma Loja qualquer. Com o passar do tempo percebe, dentro e fora da Loja, que os indivíduos não parecem inclinados a lhe conceder valores outros que não aqueles advindos da "genrologia": ascensão social e profissional por causa do casamento (ou da locação de determinada parte anatômica, diriam outros). É exatamente aqui que o "alpinismo maçônico" surge como instrumento posto à disposição do "locador anatômico".

Sim, porque a obtenção de cargos maçônicos passa a ser uma verdadeira obsessão para ele, uma vez que imagina, por exemplo, que o cargo de Venerável lhe proporcionará a respeitabilidade que o "contrato de casamento" não lhe pode dar. Necessita, portanto, do cargo de Venerável para se auto-afirmar nas posições recebidas por força do casamento.

Um indivíduo em tais condições submeter-se-á a tudo, desde que possa usar os paramentos de Venerável. Diz-se "usar os paramentos de Venerável" porque ele jamais será um Venerável de fato. Muitas vezes o Venerável de fato será o Secretário da Loja que elegeu o Venerável de direito que, de seu turno, não passará de um fantoche, publicamente reconhecido como tal, nas mãos de um Secretário, principalmente se esse Secretário for também um "Delegado Maçônico". A coisa, sem dúvida, ficará "braba".

7 – Tem-se, por fim, o "alpinista maçônico" que assume o papel de "fiel escudeiro" de outros "alpinistas maçônicos" que estão entronizados em cargos de cúpula da Obediência Maçônica".

O tipo "fiel escudeiro" aparece no Legislativo, no Judiciário e no Executivo Maçônicos bem como nas Lojas. São indivíduos que defendem, com ou sem convicção, as maiores barbaridades cometidas por aqueles que podem lhes conseguir cargos e Graus Maçônicos.

Quantos Deputados Maçônicos não passam de "lambe-botas" do Chefe do Executivo Maçônico? Quantos membros do Judiciário Maçônico não têm respeito pelo devido processo legal porque isto não interessa para a "confraria dos alpinistas maçônicos"? Quantos Veneráveis são apenas "pombos-correio" daqueles que os ungirão ao Grau 33?

O "fiel escudeiro" é um comerciante nato, uma vez que troca sua credibilidade por posições maçônicas. Sufoca o caráter, desde que obtenha em troca aquilo que lhe parece importante no mundo maçônico.

Ver-se-á, então, em solenidades maçônicas o número inacreditável de medalhas que adornam o peito de alguns fiéis escudeiros. É o pagamento pelos bons serviços prestados. Ademais, isto os torna diferentes do baixo clero maçônico, uma vez que pertencem a uma classe distinta: aquela que é digna das honrarias maçônicas.

Se D. Quixote de La Mancha tinha seu fiel escudeiro (Sancho Pança), por que um "alpinista maçônico" das altas esferas não pode ter o seu? Ora pois ...

III – O "alpinismo maçônico", em qualquer uma de suas modalidades, é uma verdadeira "praga do Egito" dentro da Maçonaria. Contamina os espíritos pouco afeitos aos valores morais. A imoralidade – quando não a amoralidade – campeia livre, como se fosse algo natural.

Não é de se estranhar, portanto, que construções pouco edificantes sejam vistas com uma naturalidade que causa perplexidade nos espíritos mais sensíveis: "extensão de mandato" (obtenção de novo mandato sem eleição); exercício simultâneo dos cargos de Venerável e de "Delegado Maçônico"; posse de Venerável não eleito, uma vez que a eleição é juridicamente nula; atropelo do devido processo legal, uma vez que não se permite acesso à denúncia, por parte do denunciado, feita contra determinado Maçom, com o que se impede descaradamente o exercício do direito de defesa e quejandos.

Não se pode esperar que um ambiente dominado pelo "alpinismo maçônico" possa produzir coisas diferentes, o que é lamentável para a Maçonaria enquanto instituição e para os "Maçons reais".

Mesmo assim é preciso resistir, ainda que essa resistência se assemelhe àquele quadro descrito por um Irmão do sul do País: "recuando, com pouca munição, mas sempre de frente para o inimigo".

É necessário encarar esses "alpinistas maçônicos" de frente, nos olhos, para que saibam que não metem medo naqueles que vivem em mundos morais e intelectuais diferentes do mundo deles.

Do mesmo jeito que os déspotas caem, esclarecidos ou não, os "alpinistas maçônicos" também cairão. E cairão de forma triste: ficarão sozinhos quando o ilusório fausto maçônico atingir seu ocaso, seja porque os "alpinistas maçônicos" mais jovens ocuparão os cargos maçônicos, seja porque a existência física atingirá seu termo final.

Pelo menos um desses "alpinistas maçônicos" pressente esse fim triste. Comenta-se que ele afirma que "morrerá agarrado ao Malhete". O que isto poderá significar?

Quem sabe se possa dizer que sua compreensão cega pela vaidade (o que o levou a se tornar um "alpinista maçônico") o faz supor que um Malhete (o exercício do cargo de Venerável) manterá seu "feudo maçônico" em torno de si evitando a solidão e – para ele – o desprestígio. Deve ser horrível chegar-se no final da vida com esse tipo de necessidade.

Como quer que seja, um "alpinista maçônico" jamais resistirá a um embate com um "Maçom real" porque lhe faltará algo essencial: independência, patrimônio moral e ético. Quando o indivíduo é carente de lastro moral, é melhor que ele conviva com os outros "alpinistas maçônicos" porque então não haverá desníveis morais e éticos. Todos estarão no mesmo nível.

Por outras palavras: as categorias de "Maçons reais" e de "Maçons nominais" (aqui incluídos os "alpinistas maçônicos") são antitéticas. Significa, portanto, que um "alpinista maçônico" não pode ser considerado um "Maçom real" e vice-versa.

Talvez se possa tomar de empréstimo a uma canção popular o pensamento seguinte: "se é de terra que fique na areia, o mar bravo só respeita rei".

Pois bem: se é "alpinista maçônico" que fique na categoria "Maçom nominal", uma vez que a categoria "Maçom real" jamais o respeitará, apesar dos cargos, dos Graus e das honrarias.

Parece bem encerrar recorrendo a outra frase popular: "cada macaco no seu galho", não é mesmo?

IV – Apresenta-se, de forma sucinta, as conclusões desse trabalho:

> ***a)*** *"alpinismo maçônico", de modo estipulativo, é todo procedimento que objetive gerar a ascensão maçônica, através da obtenção de cargos ou Graus, utilizando-se a feitura de favores (em sentido amplo) para os detentores do poder, fazendo-se abstração da moral e da ética.*
>
> ***b)*** *O "alpinismo maçônico" tem várias espécies de "alpinistas maçônicos":*
>
> *1 – o possuidor do dom da ubiqüidade administrativa;*
>
> *2 – o "estagiário de alpinista social", na condição de "alpinista maçônico";*
>
> *3 – o "alpinista-empregado";*
>
> *4 – o que se utiliza da Maçonaria para consolidar posições obtidas através do "alpinismo social";*
>
> *5 – o "fiel-escudeiro".*
>
> ***c)*** *Não há possibilidade de um "alpinista maçônico" fazer parte da categoria dos "Maçons reais".*

Manipulação de Informações em Loja

SUMÁRIO

I – Introdução
II – Manipulação de informações por Veneráveis, Secretários e Deputados.
III – A conivência de Veneráveis e Oradores.
IV – A lesão maçônica provocada pela manipulação de informações.
V – Conseqüências jurídico-maçônicas da manipulação de informações.
VI – Responsabilização dos manipuladores de informações.

I – A questão da publicidade da informação disponível em determinado espaço-tempo sempre serviu de objeto material de estudo para muitos pesquisadores, uma vez que seus contornos apresentam, em certos momentos, um grau de indefinição tão elevado que desconcerta àqueles que tentam elaborar explicações sobre o tema.

Em épocas de desvario ideológico (os nefastos "regimes de força") o controle sobre a divulgação de informações é total, de modo que só se divulga aquilo que o poder de plantão autoriza. Tem-se, então, a temida censura que causou indiscutíveis malefícios à cultura de muitos países, implodindo carreiras promissoras pelo singelo fato de não se alinharem com a bestialidade estatal. A brutalidade institucionalizada sufoca os verdadeiros talentos como forma de impedir que a população tenha acesso às concepções dissonantes daquelas veiculadas, de forma irritantemente contínua, pelos "oráculos oficiais".

Não obstante, existe uma difusão de informações que é cuidadosamente planejada. Com efeito, seleciona-se aquilo que deve ser ocultado, aquilo que deve ser distorcido para ser tornado público e finalmente aquilo que pode ser divulgado sem problemas. Repare-se que essa espécie de "triagem da informação a ser divulgada" existe mesmo nos momentos eufemisticamente apelidados de democracia.

De fato, os campos político e científico podem ser usados como exemplos eloqüentes. O povo somente teve acesso real aos acontecimentos que culminaram na renúncia de três Senadores da República quando parte significativa da mídia não pôde mais "retocar" os fatos, quando não foi mais possível "tapar o sol com a peneira". Antes, notícias cuidadosamente desencontradas criavam um verdadeiro clima de informação e contra-informação que deixava a população aturdida, não esclarecida.

Quer-se dizer: fatos significativos eram distorcidos a fim de que se produzisse uma informação afinada com a vontade do "poder real", apesar da retórica jornalística. Nada mais, nada menos que manipulação da informação.

Informações científicas importantes foram e continuam sendo sonegadas ao grande público. Na extinta União Soviética, por exemplo, os cientistas criaram a chamada "pílula da juventude" que era consumida apenas pelas "múmias falantes" do partido a fim de manter de pé a gerontocracia soviética. O proletariado, entretanto, desconhecia essa maravilha da ciência.

Pode-se listar, ainda, a clonagem. Será que alguém com um mínimo de capacidade de pensar acredita realmente que o mundo científico divulgou parte significativa dos projetos envolvendo a clonagem, inclusive de seres humanos?

O mundo profano, portanto, convive com uma realidade que mete medo naqueles que sabem o que fazer com um cérebro: a manipulação de informações para gerar a sonegação de informações e a difusão de informações distorcidas.

Como o mundo maçônico é formado pelo elemento humano encontrável no universo profano, segue-se que a mesma anomalia existe no circuito das informações maçônicas, ou seja, as informações são manipuladas, às vezes contando com a "olímpica" omissão das Lojas, de acordo com as conveniências do "homem forte" da Loja – e mesmo da Obediência Maçônica.

II – A informação não é manipulada por quem quer mas por quem pode. Significa, então, que o denominado (pelos "Maçons nominais" que abocanharam os cargos maçônicos) "baixo clero maçônico" não tem a mínima possibilidade de manipular informações em Loja. Seu poder de fogo poderá ser eficiente nas "conversas de pé-de-ouvido", não no que diz com as informações maçônicas obtidas em razão do exercício de cargos maçônicos. Infelizmente, os grandes manipuladores de informações, relativamente ao âmbito da Loja, são encontrados entre aqueles que estão no exercício dos cargos dc Venerável, de Secretário e de Deputado, ressalvadas, sempre, as escassíssimas e, por isso mesmo, honrosas exceções.

Certos Veneráveis participam de determinadas reuniões, sem que a Loja tenha conhecimento, onde assumem compromissos em nome da Loja sem dar conhecimento real (em razão de distorção ou pura sonegação) à Loja. Outras vezes fatos graves estão causando problemas em Loja e o Venerável não os torna públicos, ainda que em "câmara do meio".

Diz-se que "em algum lugar do passado" certo Venerável participou de uma reunião entre "Mestres estrelados" que tinha por finalidade dar sustentação à pretensão de "esticar", sem eleição, o mandato de determinado Chefe do Executivo Maçônico. Firmou compromissos e o estratagema deu certo, uma vez que inventaram, sem conhecimento da Loja desse Venerável, uma fórmula constitucional digna de encômios: a "extensão do mandato" ou, para aqueles que tiverem pruridos constitucionais, "golpe de estado branco", uma vez que a autoridade citada obteve um novo mandato, sem eleição, com participação ativa da Assembléia Maçônica.

Esse mesmo Venerável, segundo ainda se relata "em algum lugar do passado", contrariando expressamente o Regimento Interno da Loja, autorizou, à socapa, sem aprovação pela Loja, a utilização de bem pertencente à Loja por parte do Secretário.

Em ambas as hipóteses, se se der crédito às versões localizadas "em algum lugar do passado", o Venerável manobrou no sentido de sonegar à Loja que ele dirigia qualquer informação sobre os dois lamentáveis eventos. A Loja, que deveria tomar conhecimento desses fatos, jamais teve acesso aos fatos efetivamente ocorridos bem como aos compromissos firmados em seu nome, sem seu conhecimento.

O Secretário, se desejar e contar com a conivência do Venerável, poderá ser também um emérito manipulador de informações em Loja. Basta que se atente para os aspectos seguintes:

1) Certos Secretários, em certas Lojas, não são apenas Secretários, senão verdadeiros "Veneráveis de fato". Portanto, recebem a correspondência da Loja, inclusive os Boletins Administrativos da Obediência Maçônica (onde o Direito Positivo Maçônico é publicado), e fazem uma verdadeira seleção na informação a fim de que se tenha o quadro seguinte:

dar-se-á publicidade a certas coisas; outras coisas serão previamente distorcidas e só então serão dadas a conhecer enquanto outras coisas não serão levadas ao conhecimento da Loja.

O Secretário, portanto, em um contexto como esse, detém um incontestável poder de manipulação da informação maçônica, poder esse que é muitas vezes exercido na categoria "distorção de informações", nas sombras, quando a Loja, em rasgo de independência, contraria uma pretensão sua. Aqui a patologia maçônica tem material suficiente para muitos livros.

2) Outras vezes, entretanto, o Secretário é autor de ação qualificável como "crime maçônico", uma vez que lê uma ata em Loja e apresenta outra para ser assinada por quem de direito. O fato é espantoso mas infelizmente faz parte da concretude maçônica de muitas Lojas desse continente chamado Brasil.

Se algum acontecimento na Sessão desagrada o Secretário (por exemplo, algum Obreiro recebe um elogio, sem as bênçãos do Secretário), ele só constará na ata que é lida, porém será suprimido daquela que receber as assinaturas cabíveis. Lê-se uma coisa e assina-se outra. A Loja, portanto, é enganada na medida em que imagina que uma ata tem determinado conteúdo quando, na verdade, ela tem outro. Adulteração de informação, pura e simples.

Certos Deputados, de seu turno, podem ser tudo, menos Deputados. Prestam-se aos mais escabrosos conluios sem que a Loja que os elegeu saiba de alguma coisa. Parecem acreditar que seus eleitores só têm o direito de saber o que está ocorrendo no Parlamento Maçônico, uma vez que se mantêm em silêncio diante das Lojas que, por sua vez, também adotam uma posição omissa.

Quando se dignam a fazer algum relato, fazem-no como

se estivessem conspirando, como se isso pudesse ser considerado uma operação secreta. Tal atitude é extremamente hilária, para dizer o mínimo. O certo é que muitos parlamentares maçônicos não escapam à qualificação de manipuladores de informações, em qualquer uma de suas espécies.

Vê-se, então, que as ditas "autoridades maçônicas" da Loja e da Assembléia, pelo menos parte generosa delas, vivem em um mundo que tem muito de artificial, uma vez que é formado de informações escondidas do "povo maçônico" a sete chaves e de informações que, antes de serem divulgadas, sofrem um bem planejado processo de distorção para apresentarem os contornos desejados pelos manipuladores de informações. Fabrica-se, na verdade, a informação que interessa para os detentores do poder maçônico, em autêntica transposição para o mundo maçônico da realidade de Beirute: "não existem verdades; existem versões sobre a verdade".

Entende-se, então, a razão de certas versões da verdade serem utilizadas em determinados momentos e em outros serem contestadas. É que são apenas versões e, como tal, descartáveis.

III – A manipulação de informações que é feita dentro de certas Lojas conta, não raro, com a conivência de Veneráveis e Oradores.

Admita-se, apenas para especular, que o Venerável tivesse conhecimento de que o Secretário da Loja lia uma ata e entregava outra, de conteúdo diferente, para ser assinada. Como esse Venerável poderia ser classificado? Muitas respostas são possíveis, certamente. Todavia, para o que aqui interessa, o lado mais eminente é exatamente o da conivência, o que abrirá ensanchas à sua responsabilização.

O mesmo raciocínio pode ser feito para Oradores do tipo "a Sessão transcorreu dentro de nossos princípios e leis.

Tudo está justo e perfeito". Que audácia! Como é que uma Sessão poderá ter um aval desses se a Loja, enquanto "povo maçônico", é descaradamente enganada, com conhecimento daquele que foi eleito para também zelar pela legalidade maçônica, o Orador?

Veneráveis e Oradores não deveriam ser eleitos para serem coniventes com manobras espúrias envolvendo a informação maçônica (considerada em sentido amplo), senão que para exercerem seus cargos de forma digna. Não obstante, a realidade mostra que quase nada do que deveria ser, em angulação maçônica, é. Há um abismo quase invencível entre o **dever-ser** e o **ser** maçônicos, o que permite a existência de um mar de conivência nociva à Instituição Maçonaria.

A conivência, entretanto, também pode ser imputada às Lojas que, passivamente, se deixam conduzir pelos manipuladores de informações. Parece que um espírito generalizado de covardia encarnou nos Obreiros da Loja, uma vez que não se ouve um protesto. Todos baixam a cabeça, de forma pusilânime, como se estivessem abdicando da capacidade de pensar e de "ter vergonha na cara". É uma cena deplorável, patrocinada por "homens livres e de bons costumes" (?). Será?

IV – O trinômio Liberdade, Igualdade e Fraternidade, importado acriticamente da fase final da Revolução Francesa, sempre foi havido como verdadeiro pilar da Maçonaria universal. Muitos "avatares maçônicos", esgrimindo o punho cerrado enquanto a outra mão pratica iniqüidades, gesticulam, socam o ar em defesa desses princípios maiores. Alguns até conseguem chorar durante seus discursos inflamados, embora confundam Osvaldo Cruz com Oswaldo Aranha, Diógenes com Hermógenes e protagonizem outras trapalhadas históricas. Não importa, dirão seus seguidores, o importante é que a plebe ignara tenha líderes. Que seja, pois.

Poucas coisas são tão sagradas, na retórica maçônica, como a liberdade, a igualdade e a fraternidade. Fora do plano retórico, entretanto, nada provoca mais decepção do que a vivência dos conceitos de liberdade, igualdade e fraternidade, uma vez que só se encontra a desigualdade, a falta de liberdade e de fraternidade. Os fatos, mais uma vez, desmentem os conceitos e fazem com que a hipocrisia seja vista em sua inteireza, sem "maquiagens oficiais".

Um dos ingredientes da desmoralização factual desse trinômio é a manipulação de informações porque ela atinge em cheio a concretude da liberdade, da igualdade e da fraternidade.

Com efeito, se uma Loja convive candidamente com a manipulação de informações, certamente que estará legitimando, ainda que por omissão, o comportamento daqueles que são responsáveis por tal manipulação. Mais: a Loja também estará sendo co-autora de uma clara agressão à liberdade, à igualdade e à fraternidade.

Ora, em um ambiente onde informações são sonegadas ou distorcidas, antes de serem tornadas públicas, a igualdade recebe um golpe de morte na medida em que uns poucos saberão de tudo enquanto muitos não saberão de nada ou de quase nada. O acesso à informação é administrado homeopaticamente. As doses só serão aumentadas à luz de critérios idiossincráticos. Isto é, de fato, igualdade?

A liberdade, por sua vez, resta comprometida em sua faceta substancial porque simplesmente não haverá liberdade para discutir ou para pesquisar o que realmente acontece em Loja. Se a informação não flui livremente, será possível falar-se seriamente de liberdade? Só se for fazendo figa.

A fraternidade, talvez utilizada para se cunhar o vazio

tratamento de "Irmão", deve viver com os "olhos vermelhos" de tanto chorar, uma vez que presencia todos os dias um relacionamento que nada tem de fraterno.

Comenta-se, também "em algum lugar do passado", que na época do Golpe de Estado profano, pomposamente chamado de "Revolução", editou-se um Decreto Maçônico que transformava todo Maçom em delator. Por mais inacreditável que possa parecer, e supondo que a realidade jurídico-maçônica "em algum lugar do passado" tenha sido efetivamente essa, institucionalizou-se a "delação maçônica" em benefício daqueles que executaram o Golpe de Estado no País. Será que tiveram a ousadia de invocar o amor à pátria para produzir tamanha monstruosidade?

Quantos Maçons foram denunciados por Maçons, apenas porque não concordavam com a barbárie ideológica que havia se instalado no País? E a fraternidade maçônica, seria compatível com a "delação maçônica" para proveito profano? Que tipo de fraternidade é essa que sacrifica "Irmãos" por puro "peleguismo"?

O pior, todavia, deve ter sido a distorção feita na verdadeira motivação de uma truculência como essa, de modo que o absurdo fosse veiculado como, quem sabe, um ato de civismo, susceptível de ser condecorado com alguma medalha de latão. Manipulação de informação ou, se se preferir, "enfeitamento do pavão", como disse um Irmão do Oriente de São Paulo. Realmente, "enfeitaram o pavão" para que ele parecesse o que não era e não se preocuparam em "mandar às favas" a decantada fraternidade maçônica. Tudo pelo social? (risos ...).

V – Que a manipulação de informações existe dentro e fora das Lojas é algo que não se pode negar. Entretanto, será que ela não libera nenhuma conseqüência jurídico-maçônica?

Será que o Direito Maçônico assiste a tudo isso de braços cruzados?

Os manipuladores de informações (que se encontram no exercício de cargos maçônicos), e os que são coniventes com eles, têm um comportamento relevante do ponto de vista do Direito Penal Maçônico, ou seja, encaixa-se em um Juízo de reprovabilidade para efeito de se ter uma conduta típica (subsume-se a um tipo penal maçônico), antijurídica (porque contrária ao Direito Penal Maçônico) e culpável (possibilita a aplicação de uma sanção). Isto é o que se poderia chamar de conseqüência penal maçônica da manipulação de informações.

Entretanto, existe também uma conseqüência administrativa da manipulação de informações. De fato, se o manipulador de informações estiver no exercício de um cargo maçônico qualquer, certamente que seu procedimento entrará em testilhas com o catálogo legal de suas atribuições. É dizer: nenhum cargo estará sendo bem exercido se o seu titular o usa para manipular informações. Haverá, forçosamente, ilegalidade maçônica no exercício do cargo.

A manipulação de informações provoca, então, duas conseqüências jurídico-maçônicas: uma penal e outra administrativa.

VI – Os manipuladores de informações devem ser responsabilizados, penal e administrativamente. Os manipuladores que exercem cargos em Loja (Venerável, Secretário, Orador, etc.) submetem-se ao seguinte *iter* de responsabilização:

1 – Uma vez comprovada a prática de manipulação de informações, eles devem ser afastados dos cargos enquanto o procedimento pertinente (penal e administrativo) segue seu curso;

2 – Se forem condenados na esfera administrativa, perderão os cargos que exerciam, ficando inabilitados para o exercício, em oportunidades futuras, dos mesmos ou de cargos maçônicos diferentes;

3 – Na hipótese de condenação penal, no Judiciário Maçônico, deverão submeter-se à pena aplicada, de acordo com o Direito Penal da Obediência Maçônica.

No caso de Deputado Maçônico, a imunidade parlamentar determina um caminho de responsabilização algo diferente:

4 – A Assembléia Maçônica, através da Comissão pertinente, deverá propor a cassação do mandato do Deputado, por **quebra de decoro parlamentar maçônico**, se comprovar que ele é um manipulador de informações, **na condição de Deputado**;

5 – Cassado o mandato, o ex-Deputado poderá ser processado pela prática de ilícito penal maçônico e arcará, se condenado, com as conseqüências advindas da pena que lhe for aplicada;

6 – Mesmo que não haja a cassação do mandato, a Assembléia poderá autorizar o Judiciário Maçônico a dar seguimento no processo de responsabilização penal do Deputado acusado da prática de manipulação de informações. Uma vez condenado, seguem-se as conseqüências jurídicas próprias.

É preciso iniciar urgentemente a responsabilização dos manipuladores de informações em Loja a fim de que se possa pensar, mesmo em um dia longínquo, que pelo menos a Loja maçônica deverá ter uma informação confiável.

Pode-se Conferir Eficácia aos Mecanismos Participativos na Maçonaria?

SUMÁRIO

I - INTRODUÇÃO
II - A NÃO EFETIVIDADE DOS MECANISMOS PARTICIPATIVOS NA MAÇONARIA
III - O DESCONHECIMENTO E A OMISSÃO MAÇÔNICAS
IV - A NECESSIDADE DE UMA NOVA PEDAGOGIA MAÇÔNICA
V - A CONSTRUÇÃO DE UMA CIDADANIA MAÇÔNICA
VI - UMA PROPOSTA EFICACIAL
VII- CONCLUSÃO

I – Os homens, em algum momento historicamente delimitado, sentiram necessidade de abdicar de sua liberdade (aqui entendida como ausência de regras impostas de modo heterônomo) em favor de algo artificial que se convencionou chamar de ESTADO. Diversas teorias existem para explicar o tema, notadamente aquelas que têm conotação contratualista, mormente a de ROUSSEAU com seu velho apelo a um contrato social.

Com ou sem contrato social, o certo é que a sociedade, como hoje se a entende, resultou do agrupamento de indivíduos debaixo de uma mesma administração que, nos primórdios, passa por fases rudimentares, inclusive a totêmica, para depois experimentar um certo refinamento organizacional, por assim dizer.

Seja nas sociedades primitivas, seja na sociedade dita moderna (se se conceder valia à divisão que se faz na História, à base de considerável arbitrariedade científica, por assim dizer), um aspecto é recorrente: a participação dos membros da sociedade em seu gerenciamento ou, se se preferir, Governo.

Dados antropológicos apontam em uma direção que hoje talvez cause certa inquietação em espíritos mais sensíveis ao social: nem todas as sociedades primitivas viveram uma espécie de barbárie administrativa onde se vedava a participação popular. Pelo contrário, muitas dispunham de mecanismos de real participação do povo, o que põe por terra a crença de muitos teóricos da Ciência Política e da Sociologia no sentido de que a fluência do "tempo histórico" geraria a diminuição do "*quantum* despótico", como sustentado por PONTES DE MIRANDA, autor profano de indiscutível embocadura intelectual.

Todavia, não parece que se possa conectar ao **devir** uma nota de inexorabilidade para se chegar à conclusão de que o "caminhar do tempo" produz, sempre, a diminuição do despotismo. Na verdade, talvez se possa dizer, em atenção a PONTES DE MIRANDA, que essa diminuição **poderá** ocorrer, não que ocorrerá inapelavelmente.

Aqui, como em tudo que diga respeito ao homem, não se pode prescindir de uma delimitação tempo-espacial. Com efeito, apesar da inegável contribuição do chamado **Direito Natural**, em suas várias vertentes teóricas, tem-se que é problemático sustentar-se que existe uma axiologia aplicável em todos os tempos e espaços. Se a tábua de valores da humanidade varia, considerando-se o mesmo referencial temporal, dentro do mesmo espaço (caso do Brasil, uma vez que é formado por vários "brasis", cada um com nuanças axiológicas), certamente mudará muito mais em espaços e tempos diferentes.

Portanto, a maior ou menor participação popular na coisa pública não escapa de uma providência casuística: definir-se, *a priori*, o tempo e o espaço que serão considerados.

Se se toma esse cuidado básico, percebe-se que em muitos lugares e em muitos tempos existiu – e existe – uma verdadeira "crise de participação" do povo na coisa pública. Dois exemplos podem ser utilizados: as teocracias e os regimes de força.

Na teocracia o chefe religioso enfeixa em suas mãos todo o Governo, uma vez que se confunde, por fanatismo, ignorância ou por ambos, os planos metafísico e humano. O Irã, na época de Kolmeini, é um excelente exemplo da falta de participação dos iranianos nas decisões do Governo.

O Brasil do Golpe de Estado, metaforicamente apresentado como "Revolução", é outro exemplo de sufocação da participação popular nas coisas que interessam ao país como um todo, não apenas aos detentores do poder.

Infelizmente, porém, o momento brasileiro da atualidade não mostra um quadro substancialmente melhor, apesar do discurso oficial. Convive-se com um autêntico "totalitarismo normativo" produzido pela edição desbragada de medidas provisórias e com uma luta terrível da cidadania para sair do conceito e ingressar na factualidade da vida pública.

Há, indiscutivelmente, uma "crise participativa" na sociedade profana, crise essa que tomou de assalto a cidadela maçônica para gerar, por sua vez, uma "crise de participação maçônica" que pode ser detectada nas Lojas e nas Obediências Maçônicas.

O estranho é que no mundo da teoria pura, sem conexão com os fatos, essa crise já serviu para a elaboração de alguns estudos, alguns até com nível razoável, no seio maçônico. Não obstante, as poucas vozes que se levantaram não foram ouvidas, como sói acontecer. A tal vivência maçônica ignorou solenemente os apelos que foram feitos para que **a crise fosse comportamentalmente enfrentada**, não conceitualmente maquiada.

A consciência de que a "crise participativa maçônica" existe, apesar de também existirem formalmente alguns mecanismos de participação, é a pedra de toque desse trabalho que, obviamente, é voltado para o nível eficacial dos mecanismos formais de participação, isto é, para a concretude maçônica, não para as peripécias do altiplano da pura forma.

II – Uma discussão sobre a eficácia dos mecanismos de participação na Maçonaria, apesar da advertência expressa feita na Introdução, poderá deparar-se com uma falsa objeção ou, para os mais refinados em Filosofia, uma objeção sofística: a Maçonaria contempla os mais diversos instrumentos participativos, pelo que é equivocado questionar-se tais instrumentos, dirão alguns. Como se disse, o velho e nunca esquecido sofisma em ação.

De fato, ninguém que tenha um conhecimento mínimo sobre a realidade maçônica poderá negar que, **formalmente**, efetivamente existem instrumentos de participação do Maçom na vida da Maçonaria. O ponto é, sem dúvida, acaciano. Todavia, o centro da discussão não é esse mas sim saber se os ditos instrumentos de participação, formalmente existentes, funcionam adequadamente ou não.

É verdade que a expressão "funcionamento adequado",

por ser ambígua, poderá se revelar problemática para efeito de compreensão: **funcionamento adequado** para quem? À luz de quais fatores? Convém, por isso mesmo, emprestar-lhe contornos conceptuais estipulativos.

Por outras palavras: para os efeitos do trabalho em questão, "funcionamento adequado" significará o funcionamento sintonizado com a maioria do povo maçônico, não com os detentores do poder, pura e simplesmente, portanto conectado ao trinômio Liberdade, Igualdade e Fraternidade.

Qualquer funcionamento dos instrumentos participativos na Maçonaria que se revelar conflitante com o trinômio citado não será havido como "funcionamento adequado" dos aludidos instrumentos.

Tendo isso presente, examinemos alguns momentos comportamentais materializadores daquilo que pode ser chamado de "funcionamento inadequado" dos mecanismos de participação na Maçonaria:

1 – NO ÂMBITO DA LOJA

A Loja Maçônica talvez se assemelhe, em certo sentido, a um jardim japonês: aparentemente é simples mas quando bem examinado revela uma complexidade só perceptível aos espíritos capazes de "olhar e ver", ou seja, àqueles que têm certa sensibilidade. A Loja, portanto, esconde coisas profundas em sua simplicidade visível, pelo que há necessidade de uma observação cuidadosa da "realidade que parece mas não é" e da "realidade que não parece mas é" a fim de que o observador não seja traído por uma espécie de "miragem do deserto".

Após a remoção cuidadosa "daquilo que não é", é possível ver-se "aquilo que é" na vida cotidiana da Loja. Aqui, sem dúvida, será possível perceber-se um sem número de distorções comportamentais em âmbito maçônico, distorções essas que mostram cruamente como os mecanismos participativos na Maçonaria carecem de eficácia.

Pode-se começar com uma velha conhecida dos Maçons: a eleição. Ressalvados os casos que se qualificam como exceção, inúmeras eleições em Loja são claramente conduzidas por um grupelho que, utilizando todo tipo de pressão (ameaças veladas, cobrança de favores outrora feitos, cobrança até mesmo de empréstimos feitos), consegue eleger apenas aqueles que foram ungidos. Os demais, apesar de "Irmãos", "livres e de bons costumes", não são bons o suficiente para ingressar no "clube da elite maçônica".

Tal procedimento, é bem de ver, é a demonstração cabal de que o princípio do Direito Constitucional profano relativo ao amplo acesso aos cargos públicos não encontra solo fértil na eleição maçônica, uma vez que nem todos são iguais porque "alguns são mais iguais". Estranha isonomia maçônica.

Os Maçons que não pertencerem ao grupelho do "homem forte da Loja" só formalmente podem aspirar ao exercício de determinado cargo maçônico. Substancialmente, porém, estarão impedidos de participar da Administração da Loja porque sua eleição será obstaculizada do modo mais vil. Garante-se no papel a capacidade eleitoral passiva mas os votos não chegarão porque a concretude maçônica lhes criará empecilhos incontornáveis.

A eficácia da participação dos Maçons também é comprometida no momento em que Obreiros menos esclarecidos (em sentido amplo), porém detentores de certa "influência", hostilizam abertamente os mais jovens ou aqueles que têm poder de iniciativa.

No primeiro caso a "gerontocracia" apega-se à condução da Loja como ostras, sem querer permitir que os mais jovens participem ativamente da direção da Loja. Negam-se a aceitar o ciclo da vida como ele é: os mais jovens, forçosamente, ocuparão os lugares dos mais velhos, o que não constitui qualquer aberração, senão que uma lei da natureza que, obviamente, não pode ser revogada pela vontade do homem.

Se um Maçom não pertencente ao círculo do "senhor dos anéis maçônicos" tiver iniciativa em Loja (debatendo, apresentando sugestões, etc.), é possível que ele desperte a ira santa de um – ou de vários – "cardeal maçônico" que tratará, sempre por "baixo dos panos", de construir conceitos pouco edificantes sobre esse Maçom, tornando-os públicos sem que o ofendido saiba para poder se defender. É o popularíssimo "processo de fritura" encontrável nos círculos do poder profano. Manobra-se nos bastidores para encurtar significativamente o campo de atuação do Maçom com poder de iniciativa, porém sem as bênçãos "daqueles que mandam".

A participação do povo maçônico ou, se se quiser, das Lojas em determinados eventos de certa repercussão é quase nenhuma. Adota-se a praxe, em certas Obediências Maçônicas, de selecionar Maçons afinados com os detentores do poder para terem atuação nesses eventos. Usa-se, portanto, a mesma técnica do mundo profano. Tome-se como material de análise a celebração de um "pacto de união" entre Obediências Maçônicas. Em tese, pelo menos, tem-se um acontecimento maçonicamente relevante que, por isso mesmo, deveria ser do conhecimento de todo o povo maçônico.

Entretanto, o poder de plantão arregimenta seus servidores e faz o maior alarde, como se os Obreiros das Obediências envolvidas tivessem conhecimento do assunto. O fato, todavia, é que esse conhecimento não existe porque parece não haver interesse de submeter o tema a uma discussão séria em Loja. Pelo contrário, existe uma clara predileção pelas "coisas de Gabinete": "Leis de Gabinete", "Decretos de

Gabinete", "pactos de união de Gabinete" e outras "preciosidades de Gabinete".

O resultado de tudo isso consiste na indiscutível falta de legitimidade da quase totalidade das ações maçônicas, uma vez que elas são carentes de participação do povo maçônico, convenientemente afastado das discussões efetivamente importantes. A legitimidade é meramente formal, mas não material – ou substancial.

A mesma coisa pode ser dita das discussões comumente encontráveis nas Lojas: não são discussões reais, mas apenas nominais. Anuncia-se determinado assunto em Loja e submete-se-o à discussão. Quando não reina silêncio absoluto (o que é a regra em certas Lojas), ouvem-se falas subalternas, culturalmente hipossuficientes, que buscam inflar o ego de determinados Maçons. Será que isto pode, de forma responsável, ser chamado de discussão? Certamente não.

A Iniciação de um Profano deveria ser encarada pelos Maçons como um acontecimento importante. Deveria, é verdade, mas assim não é em muitos lugares. Pensa-se mais no banquete do que na seriedade do ato de introduzir um Profano, via Iniciação, em Loja.

A fase do procedimento de Iniciação em que se diz retoricamente que todos os Obreiros da Loja transformam-se em sindicantes desperta pouco – ou nenhum – interesse. Muitos dizem que não adianta declinar em Loja determinados fatos porque o Profano foi apresentado pelo "homem forte da Loja" ou com suas bênçãos explícitas. Outros, de seu turno, têm realmente uma indiferença total pelo assunto.

Tem-se, todavia, em qualquer uma das hipóteses, uma falta de participação dos Maçons no procedimento de Iniciação de um Profano. Participam, na verdade, apenas aqueles que formam o "comitê de apoio", por assim dizer. Os demais, não raro, dão de ombros mostrando com isso o desinteresse que lhes vai na alma.

Finalmente, a falta de participação dos Maçons se faz sentir no instante em que seria necessário questionar o uso que se fez de determinada quantia pertencente à Loja. O Venerável, é certo, preside a Loja. Mas isto não o dispensa de informar à Loja, quando solicitado, como determinada quantia foi gasta. Afirmações do tipo "foi bem gasto" (referindo-se ao dinheiro em questão) não se coadunam com o dever que um administrador tem, seja profano, seja maçônico, de dar publicidade aos seus atos.

Por outro lado, Maçons cônscios de seus direitos não podem ser coniventes com fatos dessa natureza. Devem exigir respeito à sua condição maçônica. Poucos, entretanto, agem assim. Parcela expressiva de Maçons ouve impassível uma justificativa estapafúrdia como "foi bem gasto" e nada diz. Sua não participação nas coisas da Loja legitima, pela omissão pecaminosa, atos tresloucados como esse e encoraja a prática de outros.

2 – NO ÂMBITO DO LEGISLATIVO

O Legislativo Maçônico, como o profano, não escapa de certas censuras à sua atuação concreta. Não obstante, convém ressaltar sempre as exceções que, apesar de escassíssimas, existem.

A falta de participação real do parlamentar maçônico deriva, muitas vezes, da sua forma de se eleger. Explica-se: muitos Deputados são eleitos por Lojas com as quais eles não têm uma convivência real, senão que apenas formal (os votos delas são necessários para eleger Suas Excelências Maçônicas). Ora, como um Deputado poderá defender os interesses da Loja que o elegeu se ele não conhece sua realidade interna? A Loja, nesse caso, é apenas o instrumento gerador de um mandato de Deputado. Nada mais.

Admita-se, entretanto, que o Deputado é eleito por sua própria Loja. Mesmo assim não se tem uma atuação muito diferente. Parece que existe um consenso a fim de que o obrar legislativo não apresente desníveis (para cima) muito visíveis.

Constata-se, sem qualquer esforço de investigação, que a maioria esmagadora dos parlamentares maçônicos não tem uma atuação real na Assembléia. O trabalho deles parece que se circunscreve a discutir se é, ou não, devido almoço no dia da Sessão. Não se conhece a lista de projetos apresentados por inúmeros Deputados. Mas não se conhece por uma singela razão: não existem projetos apresentados. Talvez uma indagação seja lícita: o que muitos Deputados fazem na Assembléia Maçônica? Filosofam? Ou conversam com o G.·. A.·. D.·. U.·.?

Alguns, em conversas informais, dizem que até gostariam de ser mais atuantes. O problema, segundo eles, é que, para serem mais atuantes, deveriam fazer parte da oposição, o que não lhes interessa na medida em que não querem ser minoria. Não têm coragem de atuar como deveriam porque não aceitam fazer parte da minoria. Que argumentação espantosa.

Minoria e maioria são realidades necessárias aos órgãos colegiados. Logo, nada há de esotérico na minoria. A razão, ao que parece, é bem outra: a maioria proporciona "dividendos" que não podem ser desprezados. Por trás da retórica, sempre a mesma realidade: alinhamento com o poder de plantão com o fito de obter distinção e, quem sabe, alguns "agrados" mais densos do ponto de vista molecular. A não participação, aqui, é um modo de participar naquilo que é de interesse da maioria, embora contrário aos interesses da Loja enquanto povo maçônico.

A "sintonia comportamental" de muitos Deputados deságua em um conúbio maléfico do Legislativo com o Executivo que, não raro, produz momentos-limite da falta de compromisso com a coisa pública maçônica.

Atrocidades do tipo "extensão de mandato" (outorga de um novo mandato sem eleição, com participação ativa da Assembléia Maçônica) materializam o apontado conúbio e põem à mostra que a falta de participação de muitos parlamentares maçônicos (no sentido de se manterem fiéis às suas Lojas e ao trinômio francês) encobre ações discutíveis como essa.

Consta do "anedotário maçônico" que um Deputado, apesar de ter assinado o documento formal que deu corpo à "extensão de mandato", disse que era contra. Ao ser interpelado por outro Maçom sobre essa posição ambígua, respondeu: "sou contra mas assinei para não ficar parecendo que apenas eu era contra". Que firmeza de convicção desse Deputado. Um homem com tanta fibra assim nasce a cada mil anos, não é mesmo? Na verdade, é um vexame. E a Maçonaria, enquanto instituição, é forçada, pelo poder de plantão, a conviver com os paramentos de "Mestre estrelado" e dos Graus filosóficos, "os eminentíssimos altos Graus", usados por esse Maçom. É a falta de participação aproveitável nas coisas maçônicas produzindo os tais "dividendos irrecusáveis".

3 – NO ÂMBITO DO JUDICIÁRIO

Em certas Obediências Maçônicas os Juízes dos Tribunais – de Justiça e Eleitoral – são escolhidos autoritariamente pelo Chefe do Executivo Maçônico que simplesmente os nomeia. Assemelham-se, a bem da verdade, aos ocupantes de cargos de provimento em comissão, embora formalmente detenham um mandato.

Não é de estranhar, portanto, que em momentos onde o Judiciário Maçônico deveria mostrar sua utilidade ele acabe gerando nos Maçons uma profunda decepção em razão da falta de independência de seus juízes, também respeitadas as escassíssimas exceções.

Como um indivíduo que não tem independência, uma vez que recrutado e nomeado pelo poder de plantão, poderá julgar contra os interesses de quem o nomeou? Não poderá, evidentemente, e por isso mesmo será mais um Maçom omisso para não perder a condição de membro do Judiciário Maçônico, ou seja, sua não participação, à luz do Direito Maçônico, é a contraprestação comportamental que lhe é exigida em momentos escolhidos pelo poder de plantão.

Tais momentos, como regra, são representados por desrespeito ao Direito Maçônico, principalmente ao devido processo legal em suas facetas material e processual. Pisa-se no Direito Maçônico com a consciência de que "não foi nada demais" e – o que é pior – logram obter, muitas vezes, referida qualificação na esfera jurisdicional.

Acontece que o Judiciário, por definição, não pode se transformar no "braço judicial" do "vingador da Maçonaria ultrajada" – o Chefe do Executivo Maçônico e seu séquito. Esse papel subalterno não lhe cai bem, além de tornar explícito o descompromisso maçônico de parte expressiva de seus Juízes. Dizer o Direito não é dizer amém para o poder de plantão. É agir de acordo com a consciência, sem conexões espúrias.

4 – NO ÂMBITO DO EXECUTIVO

O Executivo Maçônico, a exemplo do Executivo profano, tem certa tendência para o totalitarismo, mesmo travestido de democracia retórica. A experiência política da América

Latina, ainda recente, serviu de canal empírico por onde fluiu a teoria do "Executivo forte", ou seja, do Executivo que preponderá sobre as outras duas funções estatais, sem que haja uma reação consistente.

A fórmula do "Executivo forte" parece que conseguiu se infiltrar em muitas organizações a fim de aumentar a importância da Administração. Assim nasceu uma "tecnocracia" que praticamente decide sobre tudo, sem que se saiba ao certo os limites que podem ser estabelecidos à sua ação ou mesmo se esses limites existem realmente.

As Obediências Maçônicas, pelo menos boa parte delas, devem ter absorvido a idéia do "Executivo forte" a fim de terem um modelo teórico capaz de explicar satisfatoriamente a preponderância histórica do Chefe do Executivo Maçônico sobre os demais (aí incluídos Presidentes de Tribunais, de qualquer nível jurisdicional, e de Assembléias Maçônicas).

Essa distorção democrática, por assim dizer, favorece a tomada de decisões importantes para o povo maçônico sem que ele tenha qualquer participação no processo. Foi o que ocorreu com a tal "extensão de mandato", uma vez que tal estratagema foi montado pelo Executivo e operacionalizado com o concurso explícito da Assembléia. Portanto, o Executivo obstaculizou a participação dos Maçons, o que retira qualquer legitimidade à "extensão dc mandato" por se tratar de atuação autoritária, não democrática. Um fato de conseqüências graves como esse simplesmente foi tratado como a celebração de um negócio privado qualquer, não como algo que jamais poderia ter sido sonegado à discussão – e eventual rejeição, por que não? – do povo maçônico. Infelizmente os interesses privados falaram mais alto que o interesse público, o que subverte toda a axiologia aplicável à *res publica*.

Decretos Maçônicos absurdos são editados sem que se tenha a preocupação mínima de dialogar previamente com as

Lojas. Não se pretende que o Chefe do Executivo Maçônico necessita ouvir o povo maçônico como condição necessária ao exercício de suas atribuições. A idéia não é esta. Sustenta-se, na verdade, que a participação dos Maçons, em determinados momentos da produção do Direito Maçônico, talvez evitasse a prática de atos que, francamente, geram dúvidas sobre a estrutura encefálica de quem os produziu.

Às vezes a não participação do povo maçônico permite a existência de coisas inacreditáveis. Aceite-se, então, o seguinte exemplo hipotético: diz-se aos quatro cantos que haverá a construção de determinada estrutura que, teoricamente, trará benefícios à comunidade maçônica. Valores são percebidos a fim de darem sustentação financeira ao projeto. Entretanto, "há uma pedra no meio do caminho": o projeto nunca saiu do "reino da miragem". E os recursos? Ah! Os recursos. Pois é, também não se tem uma "certa clareza contábil" relativamente ao ponto.

Mas, afinal, o que se tem? Mantendo-se respeito ao enunciado do exemplo hipoteticamente construído, tem-se a impensável junção de um "projeto fantasma" com valores que sofreram uma espécie de "desestruturação molecular" a fim de poderem se desmaterializar, pelo menos para a grande maioria do povo maçônico, certamente.

A omissão, portanto, produz efeitos nefastos. É como alguém disse certa feita: "se se deixa o camelo botar a cabeça na tenda, ele tomará conta dela inteiramente". Assim é. Se se permite o "casamento" de um "projeto-ilusão" com "valores-voláteis", corre-se o risco de nascerem mais camelos para porem a cabeça na tenda do povo maçônico, não é mesmo? Aí, o ilusionismo será completo. Como diria um personagem de certo humorista: "te cuida David Coperfield".

III – O processo de aculturação da humanidade é

complexo, uma vez que apresenta descontinuidades tempo-espacialmente perceptíveis. Existem sociedades possuidoras de determinado padrão cultural, mesmo em um tempo considerado antigo, e sociedades com um nível cultural deficiente nos dias que correm.

O conhecimento, portanto, tem uma distribuição absolutamente desigual, o que faz com que, entre nós, exista uma cifra respeitabilíssima de analfabetos. O analfabeto, todavia, materializa uma categoria pedagógica pura, por assim dizer, na medida em que tem contornos gnoseológicos bem definidos: o analfabeto é; não existe espaço para categorias intermediárias porque o semi-alfabetizado já deixou o rol dos analfabetos.

A ignorância – ou desconhecimento – pode ser matizada, uma vez que o indivíduo poderá conhecer bem uma área e desconhecer outras. O ignorante, portanto, é alguém que não conhece determinada porção do cosmos – ou do ***dasein***. Conhece, todavia, outro "pedaço objetal", por assim dizer.

1 – O DESCONHECIMENTO MAÇÔNICO

Pode-se ter – e se tem realmente – o "letrado profano" que é um "ignorante maçônico" e vice-versa. É exatamente o "ignorante maçônico", embora "letrado profano", que interessa no momento.

A ignorância maçônica poderá ter causas diversificadas mas, certamente, não é interessante para a Maçonaria porque o ignorante maçônico acaba se tornando um autêntico "papagaio" ou um "maria-vai-com-as-outras". Afinal não tem conhecimento capaz de lhe permitir vôo próprio. Necessita, portanto, das "asas intelectuais" alheias para poder voar. Sua capacidade crítica, por conseqüência, equivale a quase nada porque ninguém pode falar daquilo que não conhece.

Normalmente a ignorância maçônica concentra-se em pontos determinados: Toque, Palavras, Marchas, Rituais e Direito Maçônico.

Convidou-se, certa feita, um "Mestre estrelado", pertencente às "altas esferas filosóficas", para ministrar uma instrução prática. Foi um desastre parecido com o naufrágio do "Titanic" porque o "poderoso" errou a Marcha do Aprendiz e a Palavra Sagrada do Companheiro, na frente de Aprendizes e Companheiros. A egrégora, coitada, saiu porta afora e foi tomar uma aspirina para diminuir a bruta dor de cabeça que a estava enlouquecendo. Brincadeira? Não, ignorância maçônica mesmo, apesar das medalhas de latão e dos Graus.

Os Rituais criam teia de aranha porque quase nunca são manuseados. Mesmo as ditas "luzes" atrapalham-se espalhafatosamente no momento da leitura: gaguejam, balbuciam mas a coisa não quer sair. Muitas Sessões magnas são um teste terrível para o coração do Maçom não ignorante em angulação maçônica. É preciso, realmente, ser muito caridoso para não explodir.

A ignorância relativa ao Direito Maçônico talvez seja a pior faceta do desconhecimento maçônico. É quase uma regra. Poucos são os Maçons que têm conhecimento da existência de algo chamado Direito Maçônico. Quando essa expressão é explicitada oralmente, costuma aparecer um ar de interrogação no rosto dos presentes. Direito Maçônico? O que é isso?

Raramente uma Obediência Maçônica tem interesse em promover um curso de Direito Maçônico para o povo maçônico. Ao que tudo indica, a ignorância envolvendo o Direito Maçônico interessa ao poder de plantão que, assim, não tem seus atos tresloucados questionados com profundidade.

Isso se parece com aquele comportamento de um Deputado profano. Comenta-se que ele se opunha tenazmente a qualquer coisa que aumentasse o nível cultural dos habitantes da cidade que era sua base eleitoral. A explicação era bem simples: dizia que era mais fácil – e mais barato – eleger-se com os votos dos ignorantes políticos do que com aqueles que eram ilustrados. Impedia-se a disseminação do conhecimento para que o Deputado tivesse uma eleição tranqüila.

Organizou-se, em determinado lugar, um grupo informal de estudos sobre Direito Maçônico. Foi um estardalhaço entre os "déspotas não esclarecidos". Mesmo assim ele funcionou durante cerca de seis meses, tendo sido voluntariamente dissolvido por seus próprios idealizadores. Esse grupo de estudos produziu bons frutos, inclusive para um Orador que era um dos freqüentadores assíduos.

O ignorante maçônico esquiva-se à participação efetiva porque, de certo modo, tem receio de admitir publicamente sua ignorância. Prefere não se comprometer com análises que reclamariam o que ele não tem: conhecimento maçônico. O tipo é facilmente reconhecível em Loja: sorri muito, concorda com tudo através de movimentos de cabeça e quando fala é para elogiar alguém, ou seja, tudo de acordo com a técnica empregada por "Pacheco", personagem de Eça de Queirós: fazer cara de gênio; não falar e utilizar a cabeça para assentir, quando conveniente.

Como quer que seja, o certo é que o ignorante maçônico, como regra, não participa adequadamente da coisa pública maçônica porque provavelmente não se sente habilitado para tal cometimento. Não se perca de vista, todavia, que muitos ignorantes maçônicos são audaciosos o suficiente para, em Loja, dissertarem sobre coisas que não conhecem. Um deles, por exemplo, no quarto de hora destinado à instrução, afirmou que o Rito Escocês Antigo e Aceito foi elaborado por holandeses. Ao ser questionado respondeu que o assunto era complexo e, por isso mesmo, não poderia ser examinado naquele momento. Os presentes se entreolharam e baixaram os olhos, envergonhados.

2 – A IGNORÂNCIA MAÇÔNICA

A Maçonaria, entretanto, convive com outra realidade tão – ou mais – abominável quanto a ignorância: a omissão. De fato, muitos Maçons são letrados, profana e maçonicamente, mas não passam de omissos em Loja. Nada discutem; nada sabem; nada os compromete. São, por assim dizer, verdadeiros "pilatos maçônicos" prontos a lavar as mãos em qualquer situação. Utilizam abusivamente a filosofia do "não sou contra nem a favor, muito pelo contrário".

A omissão maçônica é nociva para a Ordem, uma vez que ela não poderá contar com um omisso. O que dizer dos juramentos? Nada, exceto que eles não terão qualquer eficácia para o omisso. Somar-se-ão seguramente às palavras vazias ditas nos vários momentos da vida.

Vários fatores podem ser apontados como causas prováveis da omissão. Para o momento, entretanto, interessa sublinhar dois: **falta de motivação** e **conveniência**.

O Maçom sem motivação constitui hoje a regra dentro das Lojas. Sessões sem atrativos maçônicos, sonolentas, como as que hoje são realizadas, além da inegável patologia maçônica, certamente funcionam como elementos formadores de uma profunda decepção. E Maçom decepcionado é Maçom carente de motivação. Conseqüência: torna-se omisso por não acreditar no "sistema". Não percebe, entretanto, que sua não participação contribui decisivamente para a manutenção do viciado "sistema". A omissão, em tal contexto, é produto da desilusão que se abateu sobre o Maçom, minando-lhe a capacidade de reação.

Outras vezes, porém, a omissão materializa, em

linguagem elegante, apenas conveniência (dir-se-ia, em linguagem não retocada, que se trata de covardia, pura e simples). É conveniente ser omisso porque, então, será possível dar-se bem com todo mundo, não arranjando confusão. A omissão, nesse caso, transforma o Maçom em "invertebrado axiológico", aberto a qualquer tipo de comportamento omissivo tendo como meta alcançar determinados objetivos que, não raro, se encontram encobertos pela vacuidade comportamental. Vê-se, então, que esse tipo de omissão pode ser qualificado como uma espécie condenável da genérica pequenez humana. É algo deletério, sem dúvida, que não deveria ser encontrado em uma instituição como a Maçonaria.

IV – O mecanismo da aprendizagem parece ter certa complexidade, o que talvez explique a diversidade de teorias existentes sobre o tema. Talvez ainda não se tenha conseguido apanhar o fenômeno em toda a sua extensão. Como quer que seja, um aspecto não deixa dúvida: o ser humano aprende.

O aprender passa necessariamente pela questão de como se aprende, ou seja, pela recorrente discussão metodológica. De fato, os vários métodos que existem pretendem ser caminhos para propiciar a aprendizagem. Cada método, naturalmente, é apresentado como sendo superior aos demais.

Essa obsessão metodológica, por assim dizer, não é saudável porque desloca o eixo da aprendizagem para o método empregado, o que não é inteiramente correto. É lógico que o método usado por um instrutor (em sentido amplo) é um elemento importante para a aprendizagem. Mas, certamente, não é o único.

O endeusamento do método, que se assiste na atualidade, configura um desvio de perspectiva. De fato, pense-se no quadro seguinte: um instrutor qualquer vive fazendo cursos e mais cursos sobre métodos de ensino, de modo a saber qual método será lançado no mês seguinte. Isto, por si só, resolverá o problema da aprendizagem? Não.

A elaboração de novos métodos, por outro lado, se se deixar de lado o desvario metodológico ou, se se preferir, a cultura do método pelo método, é um imperativo da própria evolução do conhecimento da humanidade.

Portanto, quando houve a substituição do **método do grão de milho** – ou da **palmatória**, utilizada em muitos lugares – largamente utilizado como punição durante o ensino da famosa tabuada, os alunos ficaram agradecidos.

Modernamente a Pedagogia tem enfatizado coisas que se relacionam mais com o despertar da **motivação** para aprender. Diz-se, então, que não se ensina propriamente mas sim que as pessoas aprendem quando querem aprender.

O **interesse**, portanto, surge como a chave de abóbada da aprendizagem. É preciso, portanto, que o instrutor esteja atento a isto. Se ele não se preocupar com a motivação daquele que necessita aprender, principalmente diante de temas considerados áridos, a aprendizagem não ocorrerá.

Será que a aprendizagem maçônica encontra-se em sintonia com essas noções pedagógicas? Há alguma preocupação com a motivação? Existe interesse em aprender?

1 – O ENSINO MAÇÔNICO NA ATUALIDADE

Pode-se afirmar, de logo, que a chamada **Pedagogia maçônica** dista anos-luz da Pedagogia profana, uma vez que praticamente desconhece os avanços registrados nesta última. Há quem sustente, inclusive, que a didática maçônica é *sui generis*:

(...) A Maçonaria pratica um sistema didático "sui generis": não há um instrutor ou professor regular que transmita o conhecimento maçônico ou, por outras palavras, não há aprendizado metódico na Ordem. O que se faz é induzir o Maçom a que procure, por si mesmo, as respostas às suas indagações. (C.A. Teixeira Paranhos, Silabário Maçônico, edição do autor, s/d, p. 6).

A afirmação transcrita é parcialmente conseqüente, uma vez que não existe na Ordem um instrutor regular. Aliás, convém que se esclareça que em muitas Lojas não se tem o cumprimento do Regulamento Geral na parte em que determina a feitura de uma Sessão mensal destinada à instrução nem se utiliza o quarto de hora das Sessões econômicas para alguma coisa que tenha valor pedagógico.

O Maçom pouco esclarecido tem enormes dificuldades para se situar no conhecimento maçônico, uma vez que não costuma encontrar quem o ajude em termos substanciais. Se fizer uma indagação mais sofisticada para um "medalhão maçônico" é possível que receba uma resposta do tipo "vai em frente, meu filho, um dia você chegará lá". Por outras palavras: seu crescimento intelectual maçônico será obtido pelo caminho do autodidatismo.

O autodidatismo tem seus riscos e seus méritos. O autodidata, obviamente, é um indivíduo que tem o mérito de caminhar nas próprias pernas, sendo seu próprio mestre. Todavia, existe o risco real de perder um tempo precioso tentando descobrir o que é e o que não é importante. É um verdadeiro "tatear no escuro".

Naturalmente existe a segmentação do conhecimento em graus, o que, teoricamente, é uma limitação para aquele que quer aprender. Apenas teoricamente porque existe uma bibliografia disponível nas livrarias que pode ser comprada por qualquer um, Profano ou Maçom.

Mesmo assim, existe uma espécie de "solidão intelectual" no meio maçônico na medida em que as Obediências não parecem muito inclinadas a mudar sua pedagogia. Continuaremos a ter um autêntico "cada um por si e o G.'. A.'. D.'. U.'. por todos".

A segunda parte da transcrição feita precedentemente não encontra apoio factual. Com efeito, não existe, pelo menos em parcela expressiva das Lojas, qualquer preocupação no sentido de se "induzir" o Maçom a buscar respostas às suas indagações, como disse o autor citado. Na verdade, existe uma indiferença incompreensível à luz da Maçonaria enquanto instituição adornada por princípios importantes.

São poucos os Maçons que, aproveitando-se do **interesse** de outrem, motivam seriamente o Maçom para adquirir conhecimento maçônico. A maioria, por ignorância ou por desinteresse, não dá a menor atenção a isso.

2 – UM CAMINHO PEDAGÓGICO

Se as Lojas utilizarem as duas idéias da Pedagogia profana (a motivação e o interesse), é perfeitamente viável percorrer-se um outro caminho pedagógico dentro da Maçonaria. Esse caminho passa por alguns aspectos importantes.

É preciso selecionar adredemente alguns Mestres Maçons que tenham condições mínimas de serem instrutores. Uma vez selecionados, deverão passar por um processo de reciclagem dos conhecimentos a fim de poderem desempenhar seu papel de instrutor. Supondo-se, então, que o problema do material humano foi superado, surgem os outros ângulos do caminho pedagógico:

2.1 – SESSÃO MENSAL DE ESTUDOS E QUARTO DE HORA NAS SESSÕES ECONÔMICAS

A difusão do conhecimento maçônico será enormemente beneficiada se se puder compreender que planejar as atividades em Loja não significa apenas fazer festas e Iniciações. Um planejamento sério deve contemplar forçosamente a ministração de instruções maçônicas, em todos os Graus simbólicos, na Sessão Mensal de Estudos e no Quarto de Hora das Sessões Econômicas.

Os temas devem ser previamente escolhidos e entregues aos instrutores já preparados para tal mister. Quando possível, deve-se entrelaçar a teoria com a prática a fim de que não se queira ficar no nível puramente teórico ou exclusivamente prático. O enlace entre a teoria e a prática não é apenas necessário, senão que é fundamental.

A exposição deve ser interessante, viva, e não sonolenta. O instrutor necessitará motivar os presentes, que talvez fiquem bocejando, a fim de criar condições propícias à sobrevivência do interesse pelo tema objeto da instrução. Deve-se ter presente que poucas coisas são tão irritantes como a leitura de trabalho em Loja. É preferível que o instrutor, se tiver condições para isso, faça uma exposição mais solta relativamente àquilo que escreveu.

Esses momentos do convívio em Loja devem ser bem aproveitados, com exposições sérias, não com gracejos indesejáveis como *sói* acontecer. Hora de estudar, estudar; hora de brincar, brincar.

2.2 – MINISTRAÇÃO DE CURSOS

Se a Obediência não tem preocupação com a ministração de cursos sobre Rituais, Direito Maçônico, Palavras, Marchas e entrada em Loja (quando os Trabalhos já tiverem sido iniciados), a Loja deverá atuar diante dessa omissão lamentável.

Cursos sistemáticos devem ser postos à disposição dos Obreiros da Loja, tendo como instrutores aqueles que já passaram por um processo de seleção a fim de colaborarem na Sessão Mensal de Estudos e no Quarto de Hora das Sessões Econômicas.

Não se deve dar muita importância ao aspecto puramente numérico dos participantes. É melhor que um grupo seja pequeno, porém com um interesse real de aprender, do que grande com uma carência visível de motivação. Pode-se – e deve-se – aplicar, aqui, um velho adágio: "quantidade não é qualidade". E não é mesmo.

Se os instrutores forem intelectualmente bons e sérios, o número de participantes interessados crescerá gradativamente, o que, a médio e longo prazos, diminuirá a ignorância maçônica e quiçá a omissão de muitos.

Enquanto a Sessão Mensal de Estudos e o Quarto de Hora das Sessões Econômicas não rendem aquilo que podem e devem render; enquanto cursos sistemáticos não forem organizados, talvez se possa aceitar a seguinte sugestão:

> *(...) devemos dispensar mais atenção aos postulantes e aos Iniciados, ajudando-os, sem ministrar ensinamentos dogmáticos,* ***a solver suas indagações mais aflitivas, a responder suas perguntas mais elementares e a indicar-lhes uma bibliografia razoável*** (grifei).
>
> (C.A. Teixeira Paranhos, ibidem, p. 7).

V – Certas realidades parecem ter uma estranha vocação para o nominal mas não para o real, ou seja, acham-se garantidas no papel mas não são vivenciadas factualmente. É o que acontece com a chamada cidadania.

Linhas e mais linhas já foram escritas no mundo profano enaltecendo a cidadania, considerando-a imprescindível à coisa pública. Se se fosse levar a sério a quantidade de escritos sobre cidadania, levar-se-ia um tempo considerável apenas para catalogá-los convenientemente. Se a cidadania tem problemas, eles não se localizam no plano teórico mas sim na concretude.

Com efeito, enquanto rios de tinta são consumidos tecendo loas ao lado teórico da cidadania, o dia-a-dia registra cenas negadoras dela. Tomem-se, apenas, três instantes do quadro real: educação, saúde e estrutura para deficientes.

A televisão mostra continuamente pais e mães dormindo em filas para tentar garantir uma vaga na escola para os filhos, o que nem sempre é possível. Como se pode entender que a Constituição Federal desse País consagre o direito à educação e que fatos dessa natureza continuem ocorrendo, de forma recorrente?

No campo da saúde a situação não é diferente. Pessoas morrem nas calçadas dos hospitais e não recebem qualquer atendimento médico, como se fossem meros "resíduos sociais" que não tivessem qualquer importância para o Estado. Ainda aqui se observa a garantia formal de um direito à saúde que também não encontra qualquer correspondência nos fatos.

A estrutura que deveria existir para facilitar a vida dos deficientes não passa de projeto que não saiu das gavetas de empresários e homens públicos. Os meios de transporte, os banheiros e os prédios, com raríssimas exceções, não são adaptados para pessoas que usam cadeiras de roda. Essas pessoas são submetidas a um verdadeiro martírio no seu cotidiano.

O que esses três exemplos mostram? Que a cidadania profana é algo que luta duramente para se firmar no campo factual. O dia-a-dia das pessoas revela o abismo existente entre a copiosa literatura e a vergonhosa realidade. Mais uma divergência entre o **ser** e o **dever-ser** que não parece preocupar a muitos. Debita-se essa tensão aos naturais desníveis sociais, o que resolve o assunto para a maioria esmagadora das nominais consciências.

1 – UM CONCEITO DE CIDADANIA MAÇÔNICA

O que se pode entender por cidadania? As possibilidades conceituais, obviamente, são muitas, o que aconselha a adoção de um conceito estipulativo. Portanto, para os limites desse trabalho, cidadania é a possibilidade de o cidadão, nos termos postos pelo ordenamento jurídico, poder participar efetivamente da coisa pública nos seus vários níveis.

Em primeiro lugar, a cidadania, tomando-se como referência o lado jurídico, é uma possibilidade, ou seja, é uma **faculdade** que o cidadão poderá, ou não, exercitar. Não se pode, por certo, obrigar alguém a exercer a faculdade da cidadania. Embora a noção de faculdade seja útil do ponto de vista didático, um rigor terminológico mais acurado aconselha que se fale de direito público subjetivo, isto é, daquele direito que possibilita o cidadão agir nos limites traçados pelo Direito.

Em segundo lugar, a locução **direito público subjetivo** já explicita que a cidadania não é algo ilimitado, sem limites. Existem limites jurídicos que não podem ser ignorados sob pena de se descambar para a anarquia.

Em terceiro lugar, talvez a pedra de toque do conceito de cidadania resida na participação efetiva que o indivíduo deve ter na coisa pública, nos mais diversos segmentos. Sem essa participação não existe, de fato, cidadania.

Trazendo-se essas noções para o mundo maçônico, pode-se dizer, ainda estipulativamente, que a cidadania maçônica é a possibilidade, garantida pelo Direito Maçônico, de o Maçom participar efetivamente da coisa pública maçônica, nos seus diversos segmentos.

O Direito Maçônico realmente garante a todo Maçom, regular e ativo, o direito de ser cidadão maçônico, ou seja, de participar efetivamente, e não apenas nominalmente, da vida pública maçônica, seja exercendo cargos em Loja, seja desempenhando outros cometimentos importantes para a Ordem ou para a Obediência Maçônica.

Mas o conceito de cidadania maçônica não se esgota nos itens apontados. Na verdade, ele é amplo o suficiente para abarcar toda a atuação maçônica pautada pelos superiores interesses públicos, tais como: denúncia de imoralidades ou ilegalidades, exigência de que os Rituais sejam seguidos e as lei maçônicas sejam cumpridas, etc..

2 – VIVÊNCIA COMPORTAMENTAL DA CIDADANIA MAÇÔNICA

Cunhar-se um conceito de cidadania maçônica, mesmo que seja em dimensão estipulativa, não será grande coisa se ele não for operacional, isto é, se não for susceptível de testes na prática. É exatamente o enlace imperioso entre a prática e a teoria. Quer-se dizer: o Maçom precisa vivenciar esse conceito de cidadania maçônica.

A vivência comportamental da cidadania maçônica pressupõe, portanto, que o Maçom não pode fazer parte do bloco dos omissos na medida em que seria cientificamente embaraçoso explicar como um omisso pode ser, ao mesmo tempo, um cidadão maçônico, atuante no seu universo.

Ser, substancialmente falando, cidadão maçônico é ser participante da vida maçônica, cumprindo seus deveres e exigindo a obediência de seus direitos. É lutar para que a Ordem não seja conspurcada pelas ações discutíveis de certos dirigentes maçônicos que, infelizmente, pululam aqui, ali e acolá.

Em suma, cidadão maçônico é aquele que não compactua com ilegalidades, imoralidades ou amoralidades, senão que se pauta por uma axiologia maçônica extraída dos grandes princípios da Maçonaria.

3 – A CIDADANIA MAÇÔNICA COMO PRESSUPOSTO NECESSÁRIO À PARTICIPAÇÃO NA MAÇONARIA

Poder-se-á supor que basta ser Maçom para ser cidadão maçônico. Assim não é, todavia. Ser Maçom é uma condição necessária mas não é suficiente. Significa, então, que nem todo Maçom é cidadão maçônico, embora, certamente, todo cidadão maçônico seja Maçom.

Para ser cidadão maçônico o Maçom necessita, em primeiro lugar, ter consciência política, em sentido Aristotélico (bem comum da sociedade maçônica). Só um indivíduo comprometido com o que realmente interessa para a Ordem Maçônica tem esse tipo de consciência política.

Não se tributa qualquer valia positiva à chamada consciência política caudatária do poder de plantão, uma vez que ela não se encaixa, mesmo a golpes de marreta, no modelo aristotélico.

Em momento subseqüente à tomada de consciência, o Maçom candidato a se tornar cidadão maçônico precisa agir, precisa participar da coisa pública maçônica. A participação, portanto, é imperiosa sob pena de as boas resoluções continuarem confinadas ao mundo mental não exteriorizado.

Vê-se, portanto, que não se pode pensar em uma participação maçônica afinada com os princípios superiores da

Maçonaria sem que a cidadania maçônica se torne realidade no campo dos fatos.

Sem cidadania maçônica não há participação maçonicamente digna e sem participação substancial a cidadania não sai do campo conceitual. Uma necessita da outra para existir de modo positivo.

A Maçonaria-instituição precisa muito do cidadão maçônico para que a atuação dele desfaça os muitos absurdos praticados por Maçons que não têm a mínima condição de se transformarem em cidadãos maçônicos.

VI – Até aqui procurou-se realçar um aspecto do tema tratado: a não participação adequada do Maçom na vida pública maçônica. Causas dessa não participação e soluções incidentais também mereceram certa atenção. Isso, todavia, é insuficiente para um trabalho que se pretende crítico. Urge apontar, ao lado das mazelas detectadas, caminhos que possam materializar possibilidades reais de reversão desse quadro maçônico desalentador.

O que aqui se denomina de **uma proposta eficacial** é apenas a visão do autor que, naturalmente, não tem a pretensão de excluir visões outras. São, na verdade, linhas de ação que devem ser urgentemente desenvolvidas com a seriedade que a instituição Maçonaria merece.

Não se perca de vista, entretanto, que nenhum plano, seja ele qual for, é auto-suficiente no sentido de que prescinda de material humano qualificado, técnica e moralmente, para fazê-lo funcionar satisfatoriamente. Logo, essas linhas de ação não passarão de mais papel rabiscado se não lograrem obter receptividade real de, pelo menos, parte da comunidade maçônica. Essa receptividade é vital como elemento inicial do processo de transformação comportamental que redundará, espera-se, em maior participação maçônica afinada com a liberdade, com a igualdade e com a fraternidade.

Nesse dia, a grande idéia profana de uma "democracia participativa" poderá ser transposta para o universo maçônico a fim de que se tenha factualmente uma **DEMOCRACIA PARTICIPATIVA MAÇÔNICA**, ou seja, uma sociedade maçônica efetivamente imbuída do espírito que dimana do trinômio francês que, certamente, construirá coisas mais edificantes do que essas que são feitas na atualidade por número considerável de "Maçons nominais", uma vez que terão como artífices cidadãos maçônicos, não apenas indivíduos que usam terno preto sem qualquer compromisso real com a axiologia maçônica.

Pode-se conferir eficácia aos mecanismos participativos na Maçonaria, apesar do caos legal e factual? **SIM**, desde que os itens listados subseqüentemente ganhem contornos factuais definidos e não fiquem apenas no nível conceitual. **NÃO**, se eles não tiverem condições de sair do mundo dos conceitos.

A escolha entre o **SIM** e o **NÃO** caberá à comunidade maçônica. Se os "Maçons nominais" continuarem prevalecendo, a adoção do **NÃO** será inevitável. Não obstante, espera-se que, pelo menos dessa vez, os "Maçons reais" se unam para fazer do **SIM** uma opção viável de transformação do comportamento maçônico.

O tempo urge, é hora de começar a andar. Não se pode mais esperar. É preciso fazer com que essa transformação comportamental aconteça já e não ficar esperando que ela ocorra por ação de uma "mão invisível". Ou como disse o compositor GERALDO VANDRÉ, na canção CAMINHANDO (pra não dizer que não falei das flores):

Vem, vamos embora,
Que esperar não é saber,

Quem sabe, faz a hora,
Não espera acontecer.

Os Maçons sabemos que muitas coisas foram – e continuam sendo – distorcidas, com o intuito de acomodar certas situações discutíveis, o que comprova, infelizmente, a prevalência do *modus operandi* profano dentro da Maçonaria (isto é, os interesses privados sobrepujando os públicos). Sabemos, ainda, que isso vem, de algum modo, repercutindo negativamente no meio da Ordem Maçônica e em setores do universo profano. Portanto, a questão não passa pela ignorância quanto ao ponto mas seguramente pela omissão daqueles que sabem mas não agem.

Permanecer em compasso de espera não produzirá algo que tenha aptidão para mudar esse estado de coisas, uma vez que esperar por esperar não traduz uma atitude de reflexão diante de determinado problema. A espera, para ser plausível, haverá de ser uma espera reflexiva, ou seja, um momento de análise para posterior ação.

É preciso "fazer a hora" na Maçonaria no sentido de que ações concretas, pautadas pela moral e pela ética, devem ser produzidas. O nível comportamental maçônico precisa ser sacudido a fim de que possa sair desse estado de catalepsia. E isso só será viável se for possível falar-se, de modo substancial, em "Iniciação Maçônica".

A "Iniciação Maçônica" posta aqui em relevo não é aquela que se observa durante a Iniciação de um Profano. Esta, lamentavelmente, não passa de um simulacro de Iniciação, na maioria das vezes, porque o Iniciado, mesmo após ser Grau 33 e "Mestre estrelado", não compreendeu a Marcha do Aprendiz nem, por conseqüência, assimilou comportamentalmente os princípios da Ordem.

A verdadeira "Iniciação Maçônica" consiste em um

comportamento afinado com os princípios maiores da Ordem Maçônica, não com aspectos ligados às coisas dos homens que, não raro, dirigem as várias Obediências Maçônicas. Tem-se, portanto, que a "Iniciação Maçônica" que realmente interessa não passa por Rituais nem por banquetes mas se localiza no **comportamento do Maçom.**

Logo, a **proposta eficacial** desse trabalho poderia, com propriedade, ter sido designada como uma espécie de "segunda Iniciação" para não ser confundida com a "primeira Iniciação" (aquela do Ritual e do banquete), ou seja, como a Iniciação factual do Maçom ritualisticamente Iniciado para que se tenha o tão almejado "comportamento maçônico adequado".

Essa "segunda Iniciação", portanto, é a chave de abóbada de qualquer mudança positiva para a Ordem Maçônica. Sem ela, viver-se-á com a retórica Iniciação do Ritual e do banquete e com sua patologia lastimável.

É no comportamento maçônico, em última análise, que a "segunda Iniciação" se localiza, não no mundo dos conceitos.

Os itens listados abaixo compõem, por assim dizer, fragmentos dessa "segunda Iniciação" que, sem dúvida, precisa ser viabilizada urgentemente.

1 – COMBATER A IGNORÂNCIA MAÇÔNICA ATRAVÉS DA DIFUSÃO SISTEMÁTICA DO CONHECIMENTO MAÇÔNICO

Examinou-se, em item precedente, a ignorância maçônica e suas conseqüências. A ignorância só será combatida eficazmente se houver a difusão sistemática do conhecimento maçônico, em cursos, na Sessão Mensal de Estudos e no

Quarto de Hora das Sessões Econômicas, feita por instrutores intelectualmente credenciados.

Esse credenciamento intelectual não se confunde com os "adereços profanos" do Maçom, senão que com o conhecimento maçônico que tiver sido por ele amealhado. Portanto, os "anéis profanos" não serão automaticamente escolhidos como instrutores. Afinal, não é instrutor quem quer mas quem tem alguma coisa importante para transmitir. E para transmitir é preciso saber.

A Loja e a Obediência Maçônica deverão ter um nível de exigência elevado no momento em que forem recrutar esses instrutores, não se deixando guiar pelo "compadrio maçônico" que se observa nos dias que correm. Competência é algo que não tem origem em festas gratuitas ou em "enlevos etílicos". Os mais competentes deverão ser selecionados, pouco importando os tais fatores idiossincráticos.

Sim, porque a função do instrutor maçônico será a de difundir conhecimentos, não exercer um cargo de confiança na estrutura administrativa maçônica. São, portanto, cometimentos distintos que, por isso mesmo, reclamam qualificações diferentes.

Combatendo-se a ignorância maçônica com a difusão sistemática de conhecimento, combater-se-á igualmente a omissão maçônica que tem origem na ignorância, uma vez que o Maçom mais esclarecido tenderá a participar mais da coisa pública maçônica. O conhecimento, portanto, é um fator de impulsão para a maior participação do povo maçônico.

2 – COMBATER A OMISSÃO QUE TENHA ORIGEM NA DESCRENÇA

Como já visto, a omissão pode ter como causa a descrença do Maçom sério relativamente àqueles que se dizem seus "Irmãos" de Maçonaria. Neste caso, o combate a esse tipo de omissão deve ser feito com base em "injeções" generosas de motivação a fim de que o Maçom recupere o entusiasmo perdido e volte a ter interesse pelas coisas da Maçonaria.

O trabalho de "persuasão" de um Maçom descrente da eficácia da participação maçônica não poderá ser feito por um "Maçom nominal". Pelo contrário, o Venerável, se não pertencer à categoria de "Maçom nominal", deverá escolher Mestres Maçons de reconhecido patrimônio moral e maçônico para entregar tal trabalho. É que o Maçom a ser "resgatado" do mundo da descrença necessita acreditar e respeitar aqueles que tentarão fazer o "resgate". Sem isso ele sequer dará ouvidos às palavras vazias daqueles que os fatos não abonam suas palavras.

Se o "resgate" for bem-sucedido, haverá boas possibilidades de o "resgatado" interessar-se pela coisa pública maçônica, de modo que o cidadão maçônico adormecido pela descrença volte a ser atuante, como convém a um cidadão, profano ou maçônico.

3 – COMBATER A OMISSÃO DERIVADA DA IRRESPONSABILIDADE

Se se constata que a causa da omissão maçônica não é a ignorância nem a descrença, mas sim a irresponsabilidade maçônica, então a arma para combater tal realidade é diferente. Aqui a Diretoria da Loja deverá conversar com o omisso, de forma reservada (o que estará de acordo com a fraternidade), expondo-lhe a situação e concitando-o a assumir postura diferente. Se, passado um tempo razoável, verificar-se que nada mudou, então o Venerável deverá, por dever de ofício, tomar as providências necessárias à expedição de *quitte-placet ex officio.*

Infelizmente tal atitude é a única possível diante de um omisso contumaz que se mostra recalcitrante a qualquer mudança comportamental. Uma Loja digna desse nome não pode permitir omissos irresponsáveis em seus quadros. Se permitir, não se tratará de fraternidade mas sim de cumplicidade maléfica.

4 – ESTIMULAR A ATUAÇÃO MAÇÔNICA

Certos indivíduos necessitam de um estímulo qualquer para se moverem. Às vezes basta uma palavra encorajadora para que eles decidam tomar atitudes que talvez não tomassem se não fossem estimulados. A mesma coisa acontece no campo maçônico.

O Venerável deve ter sensibilidade suficiente para detectar esse tipo de pessoa a fim de poder ajudá-la. Poderá fazer isso pessoalmente, em conversas informais, ou através de tarefas que estejam à altura daquele que está sendo ajudado. Trabalhos que, por exemplo, ultrapassem o patamar intelectual dessa pessoa devem ser evitados porque a colocarão em situação vexatória. Foi o que ocorreu em determinado lugar quando, a pretexto de estimular a participação maçônica, solicitou-se que um Maçom de "poucas luzes maçônicas", diga-se assim, falasse em Loja sobre o papel maçônico da Organização das Nações Unidas – ONU. E o mais espantoso é que o convite foi aceito. O resultado não poderia ser outro: um festival de sandices, para dizer o mínimo, sem qualquer relação com o tema proposto.

5 – ASSUMIR A POSTURA DE CIDADÃO MAÇÔNICO

O cidadão maçônico, ciente dos seus deveres e direitos,

não transigirá com eventual mudança de tratamento da coisa maçônica, como se fosse um negócio privado. Denunciará, em qualquer tribuna maçônica, todas as ilegalidades cometidas por Maçons para que eles, no foro próprio, possam ser responsabilizados.

Também não permitirá que seus direitos maçônicos sejam desrespeitados impunemente, por quem quer que seja. Ninguém está acima ou abaixo da lei; todos estão no nível da lei. Baterá às portas do Judiciário Maçônico para que ele, se seus Juízes valerem o rótulo formal que ostentam, recomponha seu patrimônio jurídico agredido por "Maçons nominais".

Portanto, assumir a postura de cidadão maçônico é estar disposto a participar ativamente da vida maçônica e a defender a instituição Maçonaria contra, inclusive, "Maçons nominais" que dela se utilizam de maneira reprovável.

A tarefa, percebe-se, não é para muitos, senão que para poucos. Entretanto, a indiscutível superioridade moral e intelectual do cidadão maçônico atuará como fator multiplicador para que se tenha a qualidade pairando acima da quantidade.

6 – VEICULAR INFORMAÇÕES NÃO DISTORCIDAS EM LOJA

Se uma Loja congrega "Irmãos", certamente que eles têm direito a uma informação que não sofra um processo prévio de distorção a fim de "acomodar" certas situações embaraçosas.

A Loja deverá ser um lugar onde a confiança seja uma realidade inquestionável, onde se possa acreditar naquilo que se escuta, onde a desconfiança não seja a regra.

Muitos dirigentes maçônicos parecem não perceber que se desmoralizam continuamente, pelo menos diante de Maçons sérios (cidadãos maçônicos), pelo fato de sua palavra não ter credibilidade. Falam, falam mas não conseguem convencer aqueles que têm alguma coisa dentro da cabeça.

Ser sincero no que faz e no que diz é o único caminho para um dirigente maçônico – e para qualquer Maçom – participar adequadamente da vida maçônica, agindo pedagogicamente mais pelo exemplo do que pela palavra.

Tudo que for tratado em Loja deverá sê-lo à luz da seriedade que um Maçom digno desse nome deve ter. As safadezas, quaisquer que sejam elas, não poderão ser admitidas em uma Loja Maçônica.

Deve-se lutar sempre pela credibilidade das informações veiculadas em Loja como condição inafastável de uma participação maçônica adequada, de qualidade moral e ética.

7 – CONFERIR LEGITIMIDADE ÀS DECISÕES TOMADAS

As decisões maçônicas, pelo menos as mais importantes, só deverão ser tomadas após discussão em Loja, na Assembléia e no Executivo Maçônico. É necessário que o povo maçônico discuta realmente (e não apenas formalmente) os assuntos que poderão redundar em decisões de determinada repercussão.

Certas decisões não têm qualquer legitimidade, uma vez que não resultaram de consenso obtido após uma discussão fraterna. São decisões unilaterais, autoritárias que, não raro, são repudiadas expressamente pelos "Maçons reais".

Os dirigentes maçônicos precisam conferir legitimidade às decisões importantes que forem tomadas. E isso só ocorrerá se houver a real participação dos Maçons. Se o método da "participação nominal" continuar a ser utilizado, a crise de legitimidade de muitas decisões maçônicas também continuará a existir.

8 – TRANSFORMAR IGUALDADE, LIBERDADE E FRATERNIDADE EM LEMA COMPORTAMENTAL DA SOCIEDADE MAÇÔNICA

Os conceitos de Liberdade, de Igualdade e de Fraternidade são por demais conhecidos do mundo maçônico. Nada se precisa dizer sobre eles.

O que se mostra necessário, entretanto, é a transformação desses conceitos em comportamento maçônico para que se tenha um ambiente favorável à participação do povo maçônico nas coisas da Maçonaria.

Enquanto essas grandes idéias forem apenas conceitos, a concretude maçônica continuará a ser informada pela falta de liberdade, pela desigualdade e pela não fraternidade, o que qualificará o meio maçônico como factualidade patológica, apesar de conceitualmente hígido.

Precisa-se, em suma, de ação que guarde sintonia factual com o trinômio francês, não de retórica destinada a embalar "ouvidos acríticos" e "egos inflados" pela pequenez humana. Isto já existe em excesso no meio maçônico.

9 – RESPEITAR INCONDICIONALMENTE O DIREITO MAÇÔNICO

O Direito Maçônico não pode continuar sendo explicitamente desrespeitado. Legislativo, Executivo e Judiciário Maçônicos, além das Lojas, naturalmente, deverão guiar-se pelo respeito real ao Direito produzido pela Obediência Maçônica e não por "caminhos hermenêuticos" pouco ortodoxos.

Se existe a produção de um Direito Maçônico, então que ele não seja ignorado por quem tem o indeclinável dever de respeitá-lo. O desrespeito sistemático do Direito Maçônico gera um clima de insegurança jurídica e, conseqüentemente, de descrença que é prejudicial à participação na coisa pública maçônica.

Quando o Direito Maçônico for adequadamente produzido, criteriosamente aplicado e administrativamente respeitado, certamente o cidadão maçônico acreditará que na sociedade maçônica também existe espaço para que se fale da positividade do Direito Maçônico, como se faz na sociedade profana.

10 – VALORIZAR A INDEPENDÊNCIA DO MINISTÉRIO PÚBLICO MAÇÔNICO

O Ministério Público Maçônico – em todos os níveis – deve lutar, sempre, para que seus membros não sejam joguetes nas mãos de dirigentes maçônicos pouco escrupulosos, não se tornando instrumento para as perseguições mais vis que se possa imaginar.

Aquele que integra os quadros do Ministério Público Maçônico deve fazer da independência funcional um modo de vida, não um conceito vazio de praticidade. Deve recusar peremptoriamente qualquer abordagem com intuito espúrio, com o que estará preservando a si e à instituição maçônica.

Se o povo maçônico acreditar realmente na competência intelectual e na independência funcional dos membros do Ministério Público Maçônico, certamente participará mais através de denúncias envolvendo ilegalidades, porque não terá dúvida quanto a responsabilização dos responsáveis por tais ilegalidades.

A credibilidade envolvendo a atuação do Ministério Público Maçônico gerará, de seu turno, um contexto favorável à participação dos Maçons realmente preocupados com a Maçonaria, não com manobras reprováveis, na medida em que formará na mente desses Maçons uma imagem factualmente positiva da instituição e, por conseqüência, de seus membros.

11 – ELEGER DEPUTADOS QUE ATUEM DE FORMA MAÇONICAMENTE ADEQUADA

As Lojas não deverão aceitar o papel subalterno de fornecedoras de mandatos para Deputados Maçônicos que não têm com elas uma relação consistente. Deverão ser eleitos Maçons com atuação real em Loja, que sejam competentes e independentes, não Maçons que apenas se utilizam da Loja para obter um mandato.

Mesmo que o Maçom eleito Deputado preencha o requisito da vivência em Loja, isto não desobrigará a Loja de uma fiscalização rigorosa sobre a atuação desse Parlamentar a fim de evitar que ele a utilize, em acertos espúrios, sem seu conhecimento.

Os Obreiros da Loja deverão solicitar informações regulares ao Parlamentar Maçônico, se ele não as fornecer voluntariamente, uma vez que ele tem o dever de informar a sua base eleitoral o que está ocorrendo na Assembléia, explícita ou implicitamente.

A atuação maçonicamente adequada do Deputado não se esgota no repasse de informações confiáveis à Loja que o elegeu. Espraia-se também para o desempenho parlamentar propriamente dito, isto é, para um trabalho maçônico guiado pela vivência da cidadania maçônica, o que fará com que o parlamentar não se afine – e as repila energicamente – com pretensões estapafúrdias que, não raro, são "enfiadas" na garganta de muitos.

Se o Parlamentar Maçônico não legitimar atrocidades engendradas e operacionalizadas pelo Executivo, certamente seu mister readquirirá o respeito e a confiança da comunidade maçônica, o que será bom para a coisa pública maçônica.

VII - Algumas proposições sintéticas são alinhavadas abaixo à guisa de conclusão desse trabalho:

1 - *Existe uma falta de participação maçônica adequada (em consonância com o trinômio da Liberdade, da Igualdade e da Fraternidade) nos vários momentos da vida maçônica: em Loja, no Executivo, no Legislativo e no Judiciário Maçônicos.*

2 - *Essa falta de participação adequada compromete substancialmente a eficácia dos mecanismos participativos na Maçonaria.*

3 - *A ignorância e a omissão maçônicas precisam ser combatidas rapidamente se se quiser conferir efetividade aos mecanismos formais de participação na Maçonaria.*

4 - *Necessita-se de uma nova pedagogia maçônica para viabilizar a difusão sistemática do conhecimento maçônico.*

5 - *A cidadania maçônica é realidade fundamental à construção de uma "democracia participativa maçônica" que, por sua vez, ajudará no procedimento eficacial dos mecanismos de participação na Maçonaria.*

6 – Deve-se estimular a atuação maçônica pautada pelos superiores princípios da Ordem Maçônica.

7 – Os parlamentares maçônicos têm o dever de informar às Lojas que os elegeram, de forma periódica, as discussões que estão ocorrendo na Assembléia bem como não poderão ser coniventes com eventuais pretensões indefensáveis, venham de onde vierem.

8 – Os juízes maçônicos deverão respeitar incondicionalmente o Direito Maçônico, julgando com independência e imparcialidade.

9 – O Executivo Maçônico deverá atuar com base na Lei Maçônica, não contra ela.

10 – O Ministério Público Maçônico deverá zelar pela sua independência, afastando qualquer intromissão do Executivo em seu mister.

11 – O lema comportamental (e não apenas conceitual) da sociedade maçônica deverá ser o respeito irrestrito à Liberdade, à Igualdade e à Fraternidade.

12 – As decisões maçônicas deverão ter legitimidade, pelo que não poderão ser "decisões de Gabinete".

Editora Maçônica

A TROLHA

Redação, Diagramação,
Composição, Revisão, Arte-Final.

Av. Maringá, 335 – Fone: (43) **3327-1982**
Fax: (43) **3348-0915**
CEP 86060-000 – Londrina – Paraná

Home Page: http://www.atrolha.com.br
E-Mail: redacao@atrolha.com.br